Perspectives d'avenir pour l'alimentation et l'agriculture dans le monde

Merci de citer cet ouvrage comme suit :
OCDE (2016), *Perspectives d'avenir pour l'alimentation et l'agriculture dans le monde*, Éditions OCDE, Paris.
http://dx.doi.org/10.1787/9789264253544-fr

ISBN 978-92-64-25369-8 (imprimé)
ISBN 978-92-64-25354-4 (PDF)

Les corrigenda des publications de l'OCDE sont disponibles sur : *www.oecd.org/about/publishing/corrigenda.htm*.

Avant-propos

Le système alimentaire mondial sera-t-il capable de nourrir neuf milliards de personnes sans anéantir les écosystèmes sensibles ou la cohésion sociale ? Face à des défis importants et imprévisibles, comme le changement climatique, les maladies animales et d'autres facteurs qui font grimper les coûts de production, la productivité agricole peut-elle continuer de croître au même rythme que la demande, qui augmente quant à elle rapidement ? L'agriculture sera-t-elle, dans les décennies à venir, une activité rentable à même d'aider les zones rurales à se développer, à garder leur place dans l'économie et à continuer de procurer des moyens de subsistance ? Fondamentales, ces questions sont au cœur de tous les débats sur l'avenir des marchés agricoles et du système alimentaire. Cependant, les nombreux facteurs changeants et incertains qui les entourent peuvent soulever d'énormes problèmes à ceux qui, au sein du secteur et des pouvoirs publics, doivent concevoir des stratégies efficaces pour y répondre.

L'analyse de scénarios est un moyen parmi d'autres de s'interroger sur un futur par essence incertain. Quoiqu'ils ne constituent ni des « prévisions », ni des « projections », et bien qu'ils fassent l'objet de nombreuses réserves ou incertitudes, les scénarios permettent d'envisager différents futurs possibles en prenant en compte des « inconnues connues », qu'elles soient politiques, économiques, technologiques ou autres. À ce titre, l'analyse de scénario est un point de départ utile pour réfléchir à des stratégies plus faciles à adapter. Le présent rapport a pour objet l'étude de trois exemples de « futurs » potentiels, qui attendent peut-être les systèmes agricoles et alimentaires. Ces différents tableaux du développement mondial ont pour but de permettre un examen, une conception et une mise en œuvre constructifs des stratégies publiques et privées, afin qu'elles soient suffisamment robustes pour donner les résultats souhaités, indépendamment de ce qui se produira concrètement à l'avenir.

Trois scénarios différents ont été conçus en commun par des représentants de ministères de pays membres et de non-membres de l'OCDE qui ont participé à deux ateliers que l'Organisation a consacrés aux scénarios à long terme pour l'agriculture et l'alimentation, en décembre 2013 et septembre 2014. Ces travaux ont été complétés au moyen de publications, de résultats quantitatifs d'un ensemble de modèles économiques mondiaux et d'informations fournies par les participants aux ateliers dans le cadre d'un forum de discussion électronique spécifique. Les scénarios représentent les trajectoires que pourraient emprunter les marchés agricoles d'ici à 2050. Ils diffèrent à quatre égards : le degré de coopération entre régions et pays ; les attitudes sociétales vis-à-vis de la durabilité ; la cible des évolutions technologiques ; et la stabilité générale des systèmes. Ils ne sont pas conçus pour indiquer les perspectives « les plus probables », mais pour embrasser les aspects pertinents des évolutions possibles, de façon à permettre une prise en compte constructive des obstacles et des opportunités.

Les scénarios conçus dans le cadre de ces travaux méritent d'être réutilisés, approfondis et mis en question, à l'OCDE et ailleurs. Lorsque c'est possible, il est souhaitable que les pays les transposent à l'échelle régionale, voire nationale, moyennant la participation des acteurs concernés, pour que les préconisations formulées soient plus adaptées. La suite des réflexions sur les trajectoires potentielles et leurs implications pour le système agricole et alimentaire, ainsi que pour les stratégies publiques et privées, devra également mobiliser les acteurs non gouvernementaux.

Le chapitre 1 de ce rapport décrit les trois principales tendances qui déterminent les défis auxquels est confronté le secteur agricole et alimentaire, avant de présenter les trois scénarios mondiaux à l'horizon 2050 et d'étudier l'évolution des marchés agricoles dans le cadre de ces différents « futurs ». Le chapitre 2 s'attarde sur sept thèmes, vus sous l'angle de ces trois scénarios. Les performances de chacun d'eux vis-à-vis des problèmes posés au secteur agricole et alimentaire sont ensuite comparées pour faciliter la caractérisation et l'examen des stratégies devant permettre de gérer les risques et de tirer parti des opportunités futures (chapitre 3).

Ce rapport s'appuie sur un document [TAD/TC/CA/WP(2015)1/FINAL] déclassifié par le Groupe de travail mixte sur l'agriculture et les échanges de l'OCDE.

Remerciements

Martin von Lampe, de la Direction des échanges et de l'agriculture de l'OCDE, est l'auteur principal de ce rapport et Frank van Tongeren a assuré la supervision générale du projet. Martina Abderrahmane, Marina Giacalone-Belkadi, Michèle Patterson et Clara Thompson-Lipponen ont apporté un appui administratif et éditorial.

Les participants aux deux ateliers, ainsi que les délégués auprès du Groupe de travail mixte sur l'agriculture et les échanges de l'OCDE ont prêté un concours extrêmement précieux aux travaux et, concrètement, ils ont conçu et analysé collectivement les scénarios.

Beaucoup d'autres personnes ont apporté une contribution à ces travaux d'une manière ou d'une autre. Certaines ont fourni des textes, des données ou des analyses ou les ont examinés, et d'autres ont joué le rôle de facilitateur ou mis leur expérience au service des deux ateliers mentionnés plus haut. Les remerciements individuels risquent toujours d'être incomplets, mais nous tenons à adresser en particulier notre gratitude aux personnes suivantes : Marcel Adenäuer, OCDE ; Jesús Antón, OCDE ; Jonathan Brooks, OCDE ; David Coates, Convention sur la diversité biologique ; David Cooper, Convention sur la diversité biologique ; Ian Crute, UK Foresight ; Anna Davies, Trinity College Dublin ; Koen Deconinck, OCDE ; Rob Dellink, OCDE ; Ruth Delzeit, OCDE ; Hubertus Gay, OCDE ; Delia Grace, International Livestock Research Institute ; Jared Greenville, OCDE ; Peter Griffin, Axis Capital; Petr Havlik, International Institute of Applied Systems Analysis ; Ada Ignaciuk, OCDE ; Hans Joehr, Nestec S.A. ; Shingo Kimura, OCDE ; Roger Martini, OCDE ; Daniel Mason Dæ'Croz, Institut international de recherche sur les politiques alimentaires ; Martin Mayer, PMP Conseil; Olga Melyukhina, OCDE ; Catherine Moreddu, OCDE ; Ignacio Perez-Dominguez, anciennement OCDE ; Sherman Robinson, Institut international de recherche sur les politiques alimentaires ; Mark Rosegrant, Institut international de recherche sur les politiques alimentaires ; Pierre-Alain Schieb, Graduate School of Business ; Erwin Schmid, Université des ressources naturelles et des sciences de la vie, Vienne ; Elke Stehfest, Agence d'évaluation environnementale des Pays-Bas ; Andrzej Tabeau, LEI Wageningen UR ; Hubo Valin, International Institute of Applied Systems Analysis ; Dominique van der Mensbrugghe, anciennement Organisation des Nations Unies pour l'alimentation et l'agriculture ; Bernd van der Meulen, Wageningen UR ; Hans van Meijl, LEI Wageningen UR ; Ken Webster, Ellen MacArthur Foundation ; et Keith Wiebe, Institut international de recherche sur les politiques alimentaires.

Table des Matières

Encadrés

Résumé

Le système alimentaire mondial est confronté à de nombreux défis qui détermineront son évolution d'ici à 2050. Il lui faudra ainsi, entre autres, procurer de quoi manger à une population croissante, plus aisée et de plus en plus exigeante, tout en préservant les écosystèmes sensibles ; augmenter la croissance de la productivité agricole, tout en atténuant le changement climatique et d'autres menaces et en s'y adaptant ; rivaliser pour accéder à des ressources naturelles de plus en plus limitées, par exemple en sols et en eau ; et contribuer à la prospérité des zones rurales. Néanmoins, l'avenir n'est pas nécessairement sombre, car cette liste d'objectifs impressionnants ne doit pas faire oublier des opportunités déterminantes.

Cette étude vise à apporter des éléments fondamentaux sur les futurs possibles et sur les défis et les opportunités qui se présentent au système agricole et alimentaire, et à mettre en question les hypothèses concernant l'évolution de différents facteurs et leur traduction concrète à l'horizon du milieu de ce siècle, ainsi que les liens qui les unissent. À cette fin, trois scénarios sont proposés, dont chacun correspond à l'une des trajectoires que le monde pourrait emprunter d'ici à 2050 :

- Le scénario **« Croissance fragmentée reposant sur les énergies fossiles »** illustre un monde où prédominent la souveraineté et l'autosuffisance, et où chaque pays et région privilégient la croissance économique, les pouvoirs publics et les citoyens se préoccupant relativement peu des problèmes environnementaux et sociaux. La coopération se limite aux alliances régionales et procède d'intérêts nationaux plutôt que de visions géopolitiques à long terme. L'évolution des technologies est axée sur l'extraction des combustibles fossiles.
- Le scénario **« Croissance durable portée par l'engagement citoyen »**, où les consommateurs et les citoyens amènent les pays, individuellement, à mettre l'accent sur la protection sociale et la protection de l'environnement. La coopération à l'échelle mondiale est relativement limitée. Les technologies sont axées sur la préservation des ressources naturelles et de l'environnement.
- Le scénario **« Croissance rapide reposant sur la coopération internationale »** dépeint un futur dans lequel la coopération internationale est nettement privilégiée pour assurer la croissance économique. Les problèmes d'environnement attirent moins l'attention des pouvoirs publics et de leurs administrés. Les technologies s'épanouissent dans de nombreux domaines, en particulier l'alimentation humaine et animale et la production d'énergie, et leur partage à l'échelle internationale est aisé.

Les scénarios n'ont pas pour objet de dessiner les perspectives « les plus probables », mais de permettre une réflexion constructive et la mise en évidence des réponses robustes que les secteurs public et privé peuvent apporter aux difficultés qui se profilent. Le rapport pose plusieurs autres questions : qu'impliquent les situations créées par les scénarios du point de vue des stratégies publiques à même d'aider à faire en sorte que les besoins agricoles et alimentaires futurs soient satisfaits de manière socialement, écologiquement et économiquement durable ? Comment l'action conjointe, qu'elle soit publique, privée ou publique-privée, peut-elle améliorer la situation ? Et comment les organisations internationales telles que l'OCDE peuvent-elles soutenir et faire valoir une action conjointe bénéfique ?

Principales constatations

Les prix alimentaires pourraient continuer à augmenter

Il ressort des scénarios examinés dans le présent rapport que la diminution des prix agricoles réels, caractéristique notable de la deuxième moitié du XXe siècle, pourrait être arrivée à son terme. Toutefois, si certaines études consacrées à l'avenir de l'agriculture font valoir que les marchés mondiaux pourraient être durablement exposés à de fortes pressions de nature à provoquer une hausse sensible des prix alimentaires, chacun des scénarios de l'OCDE donne à penser que l'augmentation devrait être en fait plus limitée, la productivité et les rendements continuant de croître. Ce résultat est toutefois fonction des caractéristiques particulières des trois scénarios et de leur quantification, et ne constitue donc pas une projection contredisant d'autres conclusions.

Les revenus agricoles devraient progresser eux aussi, mais la contribution du secteur agricole au PIB et à l'emploi baissera

La fin de la période de dépression des prix agricoles devrait offrir aux agriculteurs du monde entier d'importantes opportunités et entraîner, sous réserve que la productivité continue d'augmenter, une hausse des revenus agricoles. Cette hypothèse vaut tout particulièrement pour les régions riches en terres, mais également en Asie, où la productivité et les revenus agricoles sont inférieurs à ceux observés dans d'autres régions. Néanmoins, malgré la promesse d'une hausse des revenus, la part de l'agriculture aussi bien dans le PIB que dans l'emploi devrait se contracter encore davantage à l'échelle de l'économie mondiale, la main-d'œuvre étant principalement réorientée vers les secteurs en expansion, à savoir les services et les activités de transformation hors agroalimentaire. Par ailleurs, si la hausse des revenus est très susceptible de s'accompagner d'une amélioration de la sécurité alimentaire mondiale, le degré et le rythme de cette dernière varient considérablement d'un scénario à l'autre.

Les maladies animales transfrontalières et les risques liés à la sécurité des aliments resteront une menace pour l'agriculture mondiale

Tel est le cas notamment dans les scénarios Croissance fragmentée reposant sur les énergies fossiles et Croissance rapide reposant sur la coopération internationale, où la viande occupe une place importante. Les risques liés à la sécurité des aliments et aux maladies animales transfrontalières peuvent être moins grands dans un monde connaissant une Croissance durable portée par l'engagement citoyen, car les productions animales y sont plus limitées, entre autres causes. Néanmoins, sans coopération internationale sur la réglementation et les contrôles des produits alimentaires, ces risques demeurent importants.

Chaque scénario pose des problèmes particuliers

Une croissance en grande partie fondée sur la souveraineté nationale et sur un recours massif aux énergies fossiles, comme dans le scénario Croissance fragmentée reposant sur les énergies fossiles, pourrait exacerber l'insécurité alimentaire et les risques liés à la sécurité des aliments, et accroître la pression exercée sur l'environnement naturel. Pour sa part, un monde conduit par des citoyens soucieux de durabilité, décrit dans le scénario Croissance durable portée par l'engagement citoyen, connaîtrait de nettes améliorations de sa performance environnementale, mais forcerait les agriculteurs à adopter des méthodes de production plus durables et à répondre aux évolutions du comportement des consommateurs. Enfin, le scénario Croissance rapide, où ce sont la coopération internationale, l'efficience du marché et l'innovation qui permettent de surmonter les contraintes liées aux ressources naturelles, pourrait améliorer les perspectives de croissance économique de la majorité des régions du monde, mais tout autant amplifier les risques que fait courir le changement climatique et les menaces qui pèsent sur la biodiversité. Dans leur majorité, ces problèmes évolueront différemment selon la région et le moment.

En tout état de cause, dans chacun des trois « futurs », l'environnement est soumis à une contrainte croissante, mais à des degrés variables

Dans les scénarios Croissance fragmentée reposant sur les énergies fossiles et Croissance rapide reposant sur la coopération internationale, étant donné que les superficies agricoles continuent de s'étendre et que la consommation d'intrants agricoles s'accroît, notamment dans les pays en développement et les économies émergentes, les habitats et écosystèmes sensibles font l'objet de graves menaces pouvant se traduire par une diminution importante de la biodiversité. Même dans le scénario Croissance durable portée par l'engagement citoyen, qui prévoit une forte réduction de la demande de viande et d'autres produits animaux, la superficie des forêts d'Afrique subsaharienne et d'Amérique latine continuerait de diminuer en l'absence de mesures de protection spécifiques, quoique plus lentement que dans les deux autres scénarios. Les émissions agricoles de gaz à effet de serre et d'autres polluants pourraient elles aussi continuer à augmenter dans les trois scénarios, mais plus lentement que la production agricole et, comparativement, de façon moins marquée dans le scénario Croissance durable portée par l'engagement citoyen.

Principales recommandations

Il faut des stratégies adaptables, générales et robustes, faisant intervenir les pouvoirs publics mais aussi les acteurs privés

Chacun des scénarios présentés aboutit dans certains cas à une situation très différente des autres. Les politiques doivent être suffisamment robustes, générales et adaptables pour répondre à tout un éventail de problèmes dans des scénarios divers, et donc faire en sorte que les besoins futurs soient constamment satisfaits de façon durable des points de vue social, environnemental et économique. Il faudra aussi, de plus en plus, que l'action des pouvoirs publics soit complétée par la mobilisation privée. L'étude met en évidence cinq stratégies à l'intention des pouvoirs publics et des acteurs privés, le cas échéant :

- L'**accélération de la transition vers des modes de vie et de consommation plus durables**. Globalement, toutes les parties prenantes à l'évolution des modes de vie sont en l'occurrence concernées. La transition peut être accélérée au moyen de politiques publiques (réforme des subventions et de la fiscalité, par exemple, ou campagnes de sensibilisation des consommateurs) ou d'initiatives du secteur privé (normes et certification volontaires, entre autres). Dans ce processus, l'importance des modes de vie et mentalités propres à une région ou à un pays ne doit pas être sous-estimée. Les modes de vie varient selon les pays et peuvent évoluer au fil du temps, en partie sous l'effet d'activités publiques et privées de diffusion d'informations relatives à l'alimentation.
- L'**amélioration de la cohérence de la réglementation des marchés alimentaires entre pays** est une composante essentielle du bon fonctionnement du système commercial international, qui aurait alors la possibilité de faire augmenter les revenus et la productivité, mais aussi d'amortir les chocs sur l'offre à l'échelle locale et régionale et d'atténuer leurs répercussions néfastes sur la sécurité alimentaire. Par ailleurs, une plus grande cohérence est parfois propice à une réduction des coûts des producteurs et des consommateurs, à une amélioration des options de gestion des crises et à un renforcement de la propagation des savoirs. Des directives internationales sur les réglementations peuvent favoriser la cohérence, mais il est nécessaire d'améliorer le recensement des meilleures pratiques de normalisation et des bonnes pratiques réglementaires.

- La **croissance durable de la productivité**. Les pouvoirs publics doivent réévaluer les politiques qui font obstacle à la croissance durable de la productivité. Parmi elles figure le soutien à l'utilisation d'énergie fossile et d'autres intrants gourmands en énergie dans la production agricole et d'autres activités. La croissance durable de la productivité nécessite aussi que le système d'innovation agricole fonctionne bien et fasse intervenir les acteurs aussi bien privés que publics. Enfin, le concept de croissance de la productivité doit prendre en compte l'utilisation des ressources naturelles, notamment des ressources communes comme l'eau douce, et les émissions de gaz à effet de serre. L'élaboration d'indicateurs revêt à cet égard une importance cruciale.
- L'**amélioration des infrastructures**, y compris de leur résilience climatique, se traduit par une baisse des coûts des transports intérieurs et de la circulation des informations entre acteurs agricoles, transformateurs de produits alimentaires et consommateurs, qui vient s'ajouter à une amélioration des connexions avec les marchés internationaux. En conséquence, l'efficience des marchés locaux et nationaux est renforcée au bénéfice de l'économie locale et rurale, d'où une hausse des revenus des agriculteurs et une diminution des prix payés par les consommateurs finaux.
- **L'amélioration et l'élargissement des systèmes de gestion des risques agricoles**, y compris des systèmes assuranciels et bancaires, ainsi que la mise en place de systèmes de sécurité sociale et fiscaux fiables et adaptés, seront de plus en plus indispensables pour gérer la volatilité des marchés résultant d'une multitude de chocs imputables aux conditions météorologiques, à l'action publique ou aux technologies. Les ménages agricoles, les associations d'agriculteurs, les assureurs, les autres institutions financières et les pouvoirs publics ont tous un rôle à jouer en l'occurrence.

Les possibilités d'amélioration ne sont pas limitées à la modification de la politique agricole

Compte tenu de la nature pluridisciplinaire des difficultés à surmonter, la mise en place de stratégies plus robustes devra mobiliser les acteurs d'un large éventail de domaines, dans les activités en amont et en aval, mais aussi dans l'ensemble de l'économie, l'éducation, la santé, l'environnement, etc. Il est donc indispensable de mettre davantage l'accent sur la cohérence de l'action dans ces différents domaines.

La coopération internationale peut être largement renforcée dans les domaines clés

Un nombre croissant de dossiers requerront une coopération internationale dans le futur. Ce sera le cas de la gestion des éléments du patrimoine mondial comme le climat, de la durabilité, du commerce international, de la cohérence réglementaire, et du bon fonctionnement des marchés mondiaux, entre autres. La collaboration axée sur la croissance, à l'échelon international, peut contribuer à faire avancer les choses sur de nombreux fronts, mais elle doit être complétée, en particulier, par la collaboration dans le domaine de la durabilité et dans le domaine social.

Il est nécessaire de poursuivre l'analyse des politiques qui ont une incidence sur ces questions

Il faut continuer de faire progresser l'étude de l'action publique dans un certain nombre de domaines, comme c'est le cas avec le cadre d'analyse de l'innovation ou les indicateurs de durabilité de la productivité dans le contexte de la croissance verte. L'amélioration de la mesure et de l'évaluation de l'action publique est également nécessaire pour bâtir des stratégies robustes.

Chapitre 1

Principales tendances et scénarios à long terme : les déterminants du futur de l'alimentation et de l'agriculture

Ces principales tendances déterminent actuellement les défis futurs auxquels seront confrontés nos systèmes alimentaires et agricoles : une demande d'alimentation croissante et changeante, des pressions sur les ressources naturelles, et des incertitudes en matière de productivité agricole résultant du changement climatique. Les choix faits aujourd'hui par les responsables politiques et les entreprises joueront un rôle fondamental pour déterminer dans quelle mesure les systèmes alimentaires et agricoles mondiaux seront affectés par ces problèmes. Néanmoins, les incertitudes qui entourent les défis futurs constituent d'importants obstacles à la formulation des stratégies en matière de politique et d'industrie qui seront efficaces à long terme dans une série de scénarios. Si l'analyse de scénarios ne propose pas de « prévisions » et implique de nombreuses réserves, elle n'en constitue pas moins une alternative utile en matière d'approche d'un futur fondamentalement incertain. Ce chapitre présente trois scénarios à long terme pour le monde en 2050 – Croissance fragmentée reposant sur les énergies fossiles ; Croissance durable portée par l'engagement citoyen ; et Croissance rapide reposant sur la coopération internationale – et étudie les marchés agricoles dans le cadre de ces différents « futurs » possibles.

Principales tendances et formulation de scénarios à long terme pour étudier le futur de l'alimentation et de l'agriculture

Le débat actuel sur l'alimentation et l'agriculture : pourquoi s'inquiéter ?

Le système alimentaire sera confronté à d'énormes défis dans les décennies à venir. Il devra non seulement produire des volumes toujours plus importants de nourriture pour une population de plus en plus nombreuse et plus aisée qui réclame une alimentation plus diversifiée, mais aussi – en particulier dans un certain nombre de pays en développement – contribuer à la croissance économique, à la réduction de la pauvreté, à l'emploi rural et au développement rural.[1] En outre, les systèmes agricoles sont confrontés à une concurrence accrue pour d'autres utilisations de ressources naturelles de plus en plus limitées comme la terre et l'eau, tout en devant préserver la biodiversité, restaurer les écosystèmes fragiles et contribuer à la lutte contre le changement climatique. Enfin, les agriculteurs devront aussi s'adapter aux effets imprédictibles du changement climatique, notamment à la hausse des températures moyennes et à la fréquence accrue de conditions climatiques extrêmes comme les pics de température, les sécheresses et les inondations qui aggraveront les risques pesant sur la sécurité alimentaire. Les impacts de ces problèmes et des efforts des acteurs de l'agriculture et de la chaîne alimentaire pour les résoudre affecteront les sociétés et les économies à de multiples niveaux et sur une échelle plus large.

Principales tendances en 2015

Trois grandes tendances caractérisent actuellement les problèmes mentionnés précédemment, auxquels est confronté le secteur de l'alimentation et de l'agriculture : une demande de produits alimentaires croissante et changeante, des pressions sur les ressources naturelles, et des incertitudes relatives à la productivité agricole résultant du changement climatique.

La demande alimentaire augmente et se déplace

La demande de produits agricoles continuera d'augmenter sous l'effet de la croissance démographique et de la hausse des niveaux de revenus. Les taux de croissance de la population mondiale ont culminé vers le milieu des années 1980 et diminuent depuis lors, mais ils sont encore de l'ordre de 1.2 % par an, et n'ont guère changé durant la première décennie du XXIe siècle. Chaque année, la population mondiale compte 80 millions de personnes de plus. L'essentiel de cet accroissement a lieu dans les pays émergents (la population de l'Inde augmente de 15 millions de personnes par an) et dans les pays en développement (l'Afrique, qui présente un taux de croissance démographique de 2.5 % et dont la population s'accroît de 25 millions de personnes par an, est le continent dont la population augmente le plus rapidement). Dans la plupart des pays membres de l'OCDE, en revanche, la croissance démographique est actuellement faible, voire négative. La demande alimentaire mondiale évolue donc à la hausse, mais elle émane de plus en plus du monde en développement.

Il est certain que d'importants progrès ont été accomplis en direction de l'Objectif du Millénaire pour le développement qui prévoit de réduire de moitié la proportion de personnes mal nourries dans les pays en développement à l'horizon 2015. Cependant, ces progrès ont été inégaux selon les régions, et plus de 800 millions d'êtres humains ne mangent pas à leur faim, un chiffre qui reste inacceptable (FAO, 2014a). Bien que l'Inde et la République populaire de Chine (ci-après la Chine) représentent les plus importantes populations sous-alimentées, l'Afrique subsaharienne reste la région dans laquelle la prévalence de la faim est la plus forte. Dans le même temps, les phénomènes de surpoids et d'obésité sont devenus d'importants problèmes dans les pays membres de l'OCDE et dans les pays en transition qui sont en plein essor (OCDE, 2013a ; OMS, 2015).

Le PIB mondial a augmenté d'environ 3.8 % par an en valeur réelle entre 2002 et 2011, l'économie de l'OCDE progressant bien plus lentement que celle des pays extérieurs à la zone OCDE (1.7 % par an contre 7.1 % par an ; OCDE, 2014b). En d'autres termes, si les revenus réels moyens par habitant dans la zone de l'OCDE ont augmenté de juste 1 % par an, ils ont augmenté d'environ 5.7 % dans le reste du monde. Si ces chiffres sont moins élevés depuis quelques années et sont amenés à changer dans l'avenir, on s'attend à une convergence continue des niveaux de revenu par habitant, laquelle contribuera au déplacement de la demande mondiale de produits alimentaires vers les pays émergents et en développement. Le fort accroissement des revenus par habitant en dehors de la zone de l'OCDE en particulier donne aussi à penser que les modes de consommation évolueront à l'échelle mondiale en faveur d'une alimentation plus riche, non seulement en protéines animales et en sucres, mais aussi en fruits et légumes. Ces tendances devraient entraîner une amélioration de l'état de santé et de la nutrition d'une grande partie des populations actuellement pauvres, qui jusqu'ici se nourrissent essentiellement d'aliments de base. Toujours est-il qu'elles entraîneront aussi un accroissement de la demande de terres et d'autres ressources nécessaires à la production agricole.

Contraintes liées aux ressources naturelles

L'expansion des superficies agricoles s'est ralentie à l'échelle mondiale, et ne se poursuit pour l'essentiel qu'en Amérique latine et en Afrique. Au total, les superficies agricoles en exploitation en sur la période 2008-12 étaient supérieures de 10 %, soit 440 millions d'ha, à ce qu'elles étaient durant la période 1961-65, et cependant la quasi-totalité de cette expansion nette s'est produite avant le milieu des années 1990 (FAOSTAT, 2014). Cette augmentation s'est produite, pour près des deux tiers, en Amérique du Sud et en Afrique. Si différentes études font valoir que d'importantes superficies supplémentaires pourraient être consacrées à la production agricole (pour une analyse plus détaillée de la question, voir Foresight, 2011), l'expansion agricole se heurte à un certain nombre de défis économiques et environnementaux. Ainsi, par exemple, au problème de la superficie de terres productives disponibles s'ajoute celui de la dégradation des sols due à la désertification, à la salinisation, à l'érosion, à l'appauvrissement en carbone et à d'autres facteurs fréquemment liés à la production agricole (voir GLASOD, 1990 ; Eswaran et al., 2001).

Historiquement, le changement d'affectation des terres et la conversion des habitats naturels au profit d'autres formes d'exploitation des terres, notamment la production agricole, sont une des principales causes de la perte de biodiversité, les autres causes étant la pollution, la surexploitation des ressources naturelles, par exemple sous forme de surpêche et de chasse abusive, les espèces exotiques envahissantes, et de plus en plus, le changement climatique (Slingenberg et al., 2009 ; OCDE, 2012). Le couvert forestier mondial a diminué d'environ 3.4 % entre 1990 et 2010 (OCDE, 2012). Les forêts primaires, qui représentent environ 36 % du total et sont en général particulièrement riches en biodiversité, ont diminué deux fois plus rapidement que la superficie totale des forêts au cours des 20 dernières années.

La biodiversité[2] et les écosystèmes dont font partie tous les organismes vivants, fournissent d'importants services (qui sont toutefois pour l'essentiel non évalués) aussi bien aux populations humaines qu'à l'environnement. À l'échelle mondiale, comme dans la plupart des régions, la biodiversité recule depuis des décennies[3]. L'abondance d'animaux vertébrés et d'autres espèces s'est amoindrie entre 1970 et 2010 : environ 11 % des premiers et 30 % des dernières ont disparu, avec une importante variabilité selon les régions et les habitats (OCDE, 2012). La biodiversité marine est également de plus en plus menacée, en raison de la surexploitation progressive des stocks de poissons au cours des dernières décennies. Actuellement, plus de 30 % des stocks de poissons sont surexploités, tandis que moins de 20 % des stocks ne sont pas exploités au maximum.

L'agriculture est responsable d'environ 70 % des prélèvements d'eau douce à l'échelle mondiale, et cette proportion est plus élevée dans de nombreux pays en développement. Au cours du siècle écoulé, la demande mondiale d'eau a augmenté environ deux fois plus vite que la population totale, même si les prélèvements d'eau douce dans la zone de l'OCDE n'ont pas progressé depuis 1990 (OCDE, 2012). Les réserves d'eau sont probablement abondantes à l'échelle mondiale, mais un grand nombre de pays sont confrontés à des pénuries de plus en plus graves durant la saison de production agricole. Un stress hydrique sévère a été identifié dans de vastes régions de la partie sud de l'Amérique du Nord, de l'Europe méditerranéenne, du sud de l'Afrique et de la moitié sud de l'Asie, et d'après les estimations, ce stress hydrique ne fera que s'étendre dans les décennies à venir (op. cit.). Étant donné l'importance de l'eau pour la production agricole, cette situation pourrait avoir d'importantes répercussions sur les marchés des produits alimentaires. Aux problèmes posés par la disponibilité de volumes suffisants d'eau douce, s'ajoute celui de la qualité de l'eau qui pâtit de plus en plus des ruissellements d'éléments nutritifs et de la mauvaise gestion des effluents, en particulier hors de la zone de l'OCDE, et également de la contamination par divers micropolluants (OCDE,).

Les matières premières utilisées dans la production des engrais de base, comme le phosphate et la potasse, sont concentrées dans un petit nombre de pays et sont considérées par certains comme des ressources non renouvelables et rares (voir, par exemple, Cordell et al., 2009 ; Grantham, 2011). La potasse n'est produite que dans 17 pays, et en 2012 près des deux tiers de l'offre mondiale venaient du Canada, de la Fédération de Russie et du Belarus (FAOSTAT, 2014). Cela ne signifie pas, toutefois, que l'offre sera limitée à l'avenir, car d'autres pays, comme la République du Congo, pourraient mettre en exploitation des ressources supplémentaires (Mineweb, 2013). Selon les estimations, des réserves mondiales à hauteur de 16 milliards de tonnes de K_2O sont extractibles au moyen des technologies actuelles (Kali et Salz, étude non datée), soit 500 fois environ le volume annuel moyen produit durant la période 2008-2012. En revanche, la plupart des pays dépendent entièrement des importations de cet élément fertilisant essentiel en agriculture. Cela vaut également dans une moindre mesure pour le phosphate, qui selon la FAO, était produit par 59 pays en 2012 et dont les réserves économiquement exploitables sont estimées à 18 milliards de tonnes (Elsner, 2008), soit environ 370 fois la production annuelle actuelle (moyenne sur 2002-2012, calculée d'après FAOSTAT, 2014, et Elsner, 2008).

Les futures ressources fossiles nécessaires pour répondre aux besoins énergétiques de l'agriculture et de la transformation sont jugées incertaines à long terme. Les inquiétudes à ce sujet se trouvent quelque peu atténuées par la récente chute des prix de l'énergie, et plus particulièrement du pétrole brut. Néanmoins, comme le note l'Agence internationale de l'énergie, la sécurité énergétique à moyen et à long terme (AIE, 2014) apparaît de plus en plus problématique en raison de la rapide augmentation de la demande d'énergie des pays émergents et en développement et des incertitudes persistantes qui caractérisent la situation au Moyen-Orient. Étant donné l'importance de l'énergie dans les coûts de production agricole (comme intrant direct de la production agricole et indirect pour alimenter le marché des autres intrants notamment des engrais et des produits chimiques) et le recours grandissant à des produits de la biomasse pour produire des carburants, une telle incertitude devrait gagner les systèmes agricole et alimentaire dans l'avenir.

Des incertitudes relatives à la productivité agricole en raison du changement climatique

Les concentrations atmosphériques de gaz à effet de serre (GES) ont fortement augmenté au cours des 200 dernières années, et cette évolution s'est nettement accélérée depuis les années 1950. Les concentrations de dioxyde de carbone (CO_2), de méthane (CH_4) et d'hémioxyde d'azote (N_2O) se sont accrues de 40 %, 150 % et 20 %, respectivement, depuis 1750 (GIEC, 2013). Les facteurs anthropiques ont des effets bien plus marqués que les facteurs naturels sur le forçage radiatif qui, selon les estimations, a augmenté de l'ordre de 2.3 Watt le m^2 depuis 1750. La majorité de cette augmentation tient aux émissions générées par la combustion des combustibles fossiles, la production de ciment et la combustion de gaz en torchère, mais les émissions liées à l'utilisation des terres sont également importantes. Les émissions anthropiques annuelles de GES ont augmenté d'environ 80 % entre 1970 et 2010. Approximativement un quart des émissions enregistrées en 2010 étaient liées à l'agriculture, à la foresterie et à d'autres utilisations des terres.

En raison de cette hausse des concentrations de GES, on observe une hausse globale progressive des températures à la surface du globe. Les trois dernières décennies ont toutes été plus chaudes que la précédente à la surface de la Terre et les températures ont dépassé celles enregistrées au cours de toutes les décennies antérieures depuis 1850, le réchauffement étant estimé à 0.85°C depuis 1880. Dans le même temps, l'intensification des événements extrêmes associés à des températures élevées ainsi que les épisodes de fortes précipitations dans un certain nombre de régions ont été attribués à des facteurs humains (GIEC, 2013).

Les études disponibles indiquent que le changement climatique a déjà eu des répercussions quantifiables sur les systèmes physiques (comme les glaciers, l'érosion côtière), biologiques, (comme les écosystèmes, les incendies incontrôlés) et les systèmes humains et gérés (comme la production alimentaire, la santé) (GIEC, 2014). Toutefois, l'ampleur de la hausse des températures mondiales, les conséquences de ces changements sur la répartition géographique et temporelle des températures et des précipitations et, par conséquent, leurs conséquences sur la productivité agricole sont entachées de fortes incertitudes. D'importants travaux de recherche sont en cours pour tenter de mieux comprendre les liens complexes entre les émissions, la teneur en gaz à effet de serre dans l'atmosphère, les températures de surface, les précipitations, la productivité des cultures et des élevages, et les marchés agricoles Cependant, si les efforts ne sont pas intensifiés pour lutter contre le changement climatique et atténuer ces effets négatifs, l'accélération de la croissance économique – qui est essentielle à l'amélioration du sort de milliards de pauvres – accroîtra probablement les émissions de gaz à effet de serre et aura donc des effets préjudiciables sur la capacité de production du secteur agricole, surtout dans les pays en développement.

Formulation de scénarios pour étudier ce que pourrait être l'avenir

Les choix faits aujourd'hui par les responsables politiques et les entreprises joueront un rôle fondamental pour déterminer dans quelle mesure les systèmes alimentaires et agricoles mondiaux seront affectés par les problèmes évoqués précédemment. Néanmoins, les *incertitudes* qui entourent ces problèmes constituent d'importants obstacles à la formulation des stratégies en matière de politique et d'industrie qui seront efficaces à long terme dans une série des scénarios. Comme on pouvait s'y attendre, plus l'horizon temporel est lointain, plus les incertitudes sont importantes. Les projections ou les prévisions établies pour les marchés sont, par définition, basées sur des informations relatives aux périodes antérieures et n'offrent qu'un intérêt limité pour étudier les réponses à des situations d'incertitude systémique qui se rapportent à un avenir plus lointain.

Un certain nombre d'activités sont actuellement consacrées aux évolutions des marchés agricoles mondiaux attendues à court et à moyen terme, notamment la publication biennale de la FAO sur les perspectives de l'alimentation intitulée FAO Food Outlook (FAO, 2014b), la publication quasi mensuelle AMIS Market Monitor (AMIS, 2015), la publication annuelle des Perspectives agricoles de l'OCDE et de la FAO (OCDE/FAO, 2014) et d'autres encore. Si les Perspectives agricoles à moyen terme présentent des projections basées sur un certain nombre d'hypothèses (dont certaines très rigoureuses) plutôt que sur des prévisions, ces projections sont entachées de fortes incertitudes et sont par conséquent révisées chaque année.

L'analyse de scénarios constitue une autre démarche possible pour appréhender un avenir fondamentalement incertain. Bien qu'il ne s'agisse ni de « prévisions » ni de « projections » et bien que ces scénarios soient entachés de nombreuses réserves et incertitudes, abordées ci-dessous, ils constituent un outil permettant l'étude de différents futurs possibles, en tenant compte des aspects politiques, économiques, technologiques et autres « inconnues connues ». Qu'ils se présentent sous forme de canevas qualitatifs ou de trajectoires quantitatives modélisées de différentes variables pertinentes, les scénarios prennent explicitement en compte les incertitudes susceptibles de peser sur le débat relatif à l'action publique : les déterminants considérés peuvent suivre des trajectoires différentes ; les informations sur les liens entre ces déterminants et les variables ciblées et sur leur évolution future ne sont que partielles ; et l'interprétation des résultats est souvent tributaire de jugements et points de vue.

L'étude de plusieurs « futurs » possibles, mettant l'accent sur les différents problèmes à des degrés variés, permet de faciliter l'examen et la remise en question des hypothèses préexistantes concernant le développement des différents déterminants et des différents résultats et les liens qu'ils entretiennent. De tels débats sont le fondement nécessaire à la refonte des stratégies en vue de l'élaboration de réponses vigoureuses et cohérentes des secteurs public et privé en vue de pouvoir profiter des nouvelles opportunités et éviter des résultats non désirés, quel que soit l'état du monde dans l'avenir.

Néanmoins, l'analyse de scénarios effectuée pour ce rapport reste nécessairement incomplète et sujette à un certain nombre de limitations qu'il importe de garder à l'esprit. En premier lieu, l'élaboration et l'analyse des scénarios ont impliqué de façon prédominante les responsables gouvernementaux, si bien que les points de vue des autres parties prenantes ne sont pas suffisamment représentés. En second lieu, la quantification de certains aspects des scénarios exclut d'autres éléments qui mériteraient d'être examinés et, comme c'est le cas avec d'autres travaux de modélisation, elle ne représente qu'une image partielle et simplifiée de ces problèmes. En particulier, les questions concernant les instabilités et l'hétérogénéité des sociétés et des secteurs agricoles, la structure de la chaîne de valeur, la volatilité des marchés et les chocs sont généralement occultées en raison de la nature déterministe des résultats des modèles qui indiquent des moyennes, et n'ont été qu'en partie abordés lors des débats des ateliers. Par ailleurs, les incertitudes liées à l'estimation du rythme d'évolution de variables essentielles comme la croissance de la productivité restent un défi pour les travaux de prospective fondés sur la modélisation.

Enfin, bien que la quantification des scénarios s'appuie sur de solides travaux déjà consacrés à ces questions, les résultats des quatre modèles économiques employés révèlent une grande variabilité. La disparité des résultats n'est pas une lacune de l'approche adoptée, mais une réalité inhérente à notre avenir qui est hautement incertain. Cette constatation renforce l'argument en faveur de nouvelles études prospectives des possibles risques et opportunités à venir, dans l'objectif d'aider les décideurs à agir précocement de façon à amplifier les effets positifs et atténuer les effets négatifs.

Les trois scénarios à long terme de l'OCDE pour l'alimentation et l'agriculture présentés dans le cadre de cette étude font référence à et s'appuient en partie sur un certain nombre d'activités de prospection et de formulation de scénarios (Encadré 1.1). Ce rapport complète d'autres travaux menés grâce à la participation résolue des ministères de l'Agriculture de pays membres de l'OCDE (et de certains pays émergents), qui ont présenté différents scénarios, examiné leurs répercussions et élaboré des stratégies pour surmonter certains des grands défis auxquels se trouveront confrontés les systèmes alimentaires et agricoles de demain.

Encadré 1.1. Scénarios de l'OCDE dans le contexte des autres activités de formulation de scénarios

Le projet intitulé Scénarios à long terme de l'OCDE pour l'alimentation et l'agriculture complète d'autres travaux d'étude de scénarios. Dans le cadre d'une coopération entre un grand nombre de chercheurs, le Groupe d'experts intergouvernemental sur l'évolution du climat a élaboré une série de familles de scénarios d'évolution socio-économique (SSP, voir GIEC, 2014), qui étaient initialement destinés à servir aux travaux sur le changement climatique mais qui constituent aussi une base essentielle pour plusieurs autres activités d'étude de scénarios, y compris les scénarios de l'OCDE. Les travaux précédents du GIEC incluent le Rapport spécial sur les scénarios d'émission (RSSE, voir GIEC, 2000), consacré à la quantification des émissions et qui a été utilisé principalement pour le Troisième et le Quatrième rapports d'évaluation du GIEC.

L'évaluation des écosystèmes pour le Millénaire (2005) lancée à la demande des Nations Unies comprend quatre scénarios différents et a pour objectif « d'évaluer les conséquences des changements écosystémiques sur le bien-être humain et d'établir la base scientifique pour mettre en œuvre les actions nécessaires à l'amélioration de la conservation et de l'utilisation durable de ces systèmes » (op.cit., p. ii).

Le rapport Évolution globale de la gestion de l'eau dans l'agriculture (2007) de l'Institut international de gestion de l'eau et d'Earthscan vise à « évaluer l'état actuel des connaissances et à stimuler la réflexion sur la manière de gérer les ressources en eau pour répondre aux besoins croissant de la production agricole, contribuer à réduire la pauvreté et l'insécurité alimentaire, et promouvoir la viabilité écologique » (op.cit., p. v) et comprend un scénario de référence et six scénarios différents sur l'utilisation de l'eau en agriculture.

L'Évaluation internationale des connaissances agricoles, de la science et de la technologie pour le Développement (PNUE, 2009), lancée par la Banque mondiale et la FAO, avait pour objectif de « déterminer l'impact des connaissances, des sciences et des technologies agricoles passées, présentes et à venir sur la réduction de la faim et la pauvreté, l'amélioration des moyens de subsistance des ruraux et de la santé humaine, le développement équitable et socialement, écologiquement et économiquement rationnel » (op.cit. p. vi). L'analyse se base sur un scénario de référence et quatre variantes.

Agrimonde est un exercice prospectif lancé par deux instituts de recherche français, l'INRA et le CIRAD (Dorin et al., 2011). Son objectif est de « produire des scénarios d'évolution des productions, des consommations et des échanges agricoles mondiaux, ainsi que des connaissances scientifiques et techniques propres à l'agriculture et d'en tirer ensuite des leçons sur les rôles possibles pour la recherche, les politiques publiques et les régulations internationales » (résumé, p. 2) et comprend un scénario tendanciel et un scénario normatif Agrimonde 1.

Le projet FoodSecure, financé par l'Union européenne (www.FoodSecure.eu), vise à concevoir « des stratégies efficaces et durables pour évaluer les défis que pose la sécurité alimentaire et nutritionnelle et pour y remédier ». Son cinquième programme de travail (Work Package 5) comprend notamment les activités suivantes : formulation d'une série de scénarios par les parties prenantes, définition du futur souhaité dans le domaine de la sécurité alimentaire et nutritionnelle (« vision »), et identification des options qui pourraient permettre de se rapprocher de cette « vision ».

Plusieurs autres institutions travaillent sur les scénarios mondiaux pour l'agriculture ou liés à ce secteur, notamment l'Institut international de recherche sur les politiques alimentaires (Nelson et al., 2010), l'Organisation des Nations Unies pour l'alimentation et l'agriculture (Alexandratos et Bruinsmaa, 2012), et le Programme des Nations Unies pour l'environnement (PNUE, 2012). The Future of Food and Farming, de UK Foresight (www.bis.gov.uk/foresight/our-work/projects/published-projects/global-food-and-farming-futures), s'intéresse aussi à « l'intensification des pressions sur le système alimentaire mondial d'ici à 2050 » (Foresight, 2011).

À un échelon plus régional et local, le Programme de recherche du CGIAR sur le Changement Climatique, l'Agriculture et la Sécurité Alimentaire (https://ccafs.cgiar.org), qui est financé par des États et des organismes d'aide et qui est associé au Groupe consultatif pour la recherche agricole internationale (GCRAI), est un programme d'étude prospective dont le but est de proposer des options pour l'action et l'investissement afin de promouvoir des pratiques agricoles durables et climato-intelligentes en Amérique latine, en Afrique subsaharienne et en Asie du Sud et du Sud-Est. Le projet Global Futures & Strategic Foresight, qui relève également du CGIAR, est aussi conçu « pour améliorer la productivité agricole et la viabilité environnementale, en particulier dans les pays en développement » (www.globalfutures.cgiar.org). D'autres études de scénarios concernent l'eau de façon plus directe : le partenariat Water Futures and Solutions – World Water Scenarios entre l'Institut international pour l'analyse des systèmes appliqués (IIASA), l'International Water Association (IWA), le Conseil mondial de l'eau (CME), l'UNESCO et le gouvernement coréen (www.iiasa.ac.at/web/home/research/wfas-summary.html), par exemple.

Pour plus d'information sur plusieurs des études de scénarios évoquées précédemment, voir van Dijk et Meijerink (2014).

Principaux déterminants de l'alimentation et de l'agriculture à l'horizon 2050

Dimensions fondamentales des scénarios à long terme de l'OCDE pour l'alimentation et l'agriculture

L'établissement d'un scénario (voir l'encadré 1.2 pour une rapide description de la démarche suivie dans le cadre de la présente étude) nécessite tout d'abord de déterminer les dimensions qui, collectivement, déterminent le contexte dans lequel s'inscrivent les canevas, et de définir la portée générale des analyses qualitatives et quantitatives qui seront ensuite effectuées. Trois dimensions fondamentales caractérisent les différents scénarios définis dans ce rapport. Ces dimensions, qui sont rapidement abordées ci-dessous, sont la portée et l'ampleur de la coopération internationale, les voies de l'innovation technologique et de la diffusion des technologies, et le développement, au sein des sociétés, d'attitudes favorables à la durabilité.

Encadré 1.2. Démarche et méthodologie adoptées pour produire et analyser les scénarios à long terme de l'OCDE

Ces travaux ont été organisés dans le cadre de deux ateliers d'une durée de deux jours. Dans chaque atelier, environ 60 participants – en particulier des responsables de l'OCDE et des ministres non membres responsables de l'alimentation et de l'agriculture, des spécialistes en la matière et des constructeurs de modèles économiques – ont participé à l'élaboration et à l'étude de trois scénarios, de leurs implications pour l'alimentation et l'agriculture, et des stratégies de réponse pour améliorer la situation. Le premier atelier, organisé sur le thème « Storylines, challenges and policy opportunities » a donné lieu à l'évaluation et à la cartographie de la complexité des problèmes et des incertitudes qui caractérisent l'établissement de systèmes d'alimentation sûrs et fiables au cours des prochaines décennies, dans l'optique des différentes parties prenantes. Il a permis de formuler conjointement et d'adopter trois cadres de scénarios et canevas de base concernant l'alimentation et l'agriculture d'ici le milieu du siècle. Ceux-ci ont servi à procéder à une première identification des menaces et opportunités pour chacun des scénarios et à explorer les options fondamentales permettant d'améliorer la robustesse des politiques.

Après la mise au point des canevas par l'équipe de base du projet, les scénarios ont été quantifiés à l'aide de plusieurs modèles économiques mondiaux. Les résultats générés par les modèles ont permis d'illustrer par des chiffres les défis et opportunités recensés par les participants à l'atelier, et d'utiliser les résultats comme base de discussion durant le deuxième atelier.

Le deuxième atelier, intitulé « Robust policy choices for the coming decades », a permis de faciliter des échanges ouverts entre les pays et, dans une moindre mesure, entre les autorités nationales, le secteur des entreprises et la société civile. Les participants ont considéré et évalué les réponses apportées par le secteur public et le secteur privé aux défis et aux opportunités dans le domaine de l'alimentation et de l'agriculture, et favorisé l'élaboration d'une vision concertée des meilleures stratégies communes permettant d'améliorer la résilience et la préparation des systèmes agricole et alimentaire.

Ces deux ateliers étaient structurés de manière à maximiser les interactions entre les participants, selon une orientation résultats. Les conversations se sont déroulées en majorité dans le cadre de sessions en groupes de taille restreinte organisées sous diverses formes. Les exposés en séance plénière se sont fondamentalement limités à de brèves introductions ayant pour objet d'ouvrir les débats, les processus de carrousel ont permis aux participants de participer à une succession de débats consacrés à des questions particulières, une séance récapitulative organisée au début du deuxième atelier a permis aux participants de (re)prendre connaissance des scénarios et de leurs principaux résultats, et un marché aux idées de style « café-débat » a permis de recueillir un ensemble de propositions d'actions à court et à moyen terme formulées par les participants.

Les résultats des modèles économiques, qui ont permis de disposer d'une analyse quantitative de certaines des répercussions des scénarios dans le domaine de l'alimentation et de l'agriculture, ont été complétés par divers autres types d'information conçus pour servir de base aux discussions du deuxième atelier. Il s'agissait notamment : i) d'une série « d'affiches de scénarios », outils de communication rapide aidant les participants à (re)prendre connaissance du canevas et des principales caractéristiques des différents scénarios, des affiches similaires ayant également été consacrées à des thèmes particuliers pertinents pour les débats de l'atelier, par exemple pour présenter des informations sur les pêches (les prises et l'aquaculture) ; et ii) d'une gamme de notes de travail complémentaires sur les thèmes pour lesquels il n'a pas été (suffisamment) possible de procéder à des quantifications au moyen des modèles économiques, lesquelles ont été établies par des spécialistes des questions couvertes. Ces notes traitent de la pêche et de l'aquaculture ; des phénomènes extrêmes et de l'assurance agricole ; des maladies animales transfrontalières ; de l'agriculture, de la biodiversité et du développement durable ; de l'avenir de la consommation alimentaire ; et des systèmes de gestion des risques agricoles. La rédaction de ce rapport s'appuie sur une importante partie de ces notes.

Encadré 1.2. Démarche et méthodologie adoptées pour produire et analyser les scénarios à long terme de l'OCDE (*suite*)

Entre les ateliers et après les ateliers, un forum de discussion électronique dédié, accessible à tous les participants aux ateliers, a permis de poursuivre les échanges et les observations, outre le partage d'une documentation de référence bien avant le second atelier. Ce forum vise aussi à faciliter la poursuite des échanges entre les participants au-delà de la durée du projet, initialement programmé sur deux ans. L'engagement des responsables gouvernementaux et des autres participants, ainsi que des possibilités d'échanges intenses et de travail en réseau durant les ateliers, entre les ateliers et après les ateliers, sont nécessaires pour que les participants et les pays se sentent concernés par les scénarios et leurs implications.

L'emploi des scénarios pour mener une réflexion prospective et la disponibilité d'un espace propice à l'expression constructive de désaccords continuent de revêtir une importance cruciale pour les travaux de l'OCDE sur les scénarios à long terme pour l'alimentation et l'agriculture.

La portée et l'ampleur de la coopération internationale

Cette dimension est basée sur un problème relativement fondamental : comment les différents pays et groupes de pays vont-ils coopérer les uns avec les autres dans l'avenir ? La coopération régionale et mondiale renvoie non seulement aux accords commerciaux régionaux ou internationaux, mais aussi, de manière plus générale, aux échanges et à la collaboration au niveau de l'économie, de la société, de l'environnement et des politiques. La coopération peut être ponctuelle ou ancrée dans des accords précis ou plus généraux qui peuvent avoir un caractère plus ou moins permanent. Le concept de coopération, bien qu'il soit étroitement lié à la question de la gouvernance, s'étend en réalité au-delà de la collaboration gouvernementale pour inclure le rôle des entreprises privées et des autres acteurs.

Les voies de l'innovation technologique et de la diffusion des technologies

Dans quels sens évolueront les technologies, les méthodes de production, le partage des connaissances, etc. ? Quelle place y occupera la réduction de l'empreinte environnementale et sociale des modes de production ? Les nouvelles technologies seront-elles accessibles à d'importants segments de la population mondiale (les plus pauvres), ou la fracture technologique se creusera-t-elle encore plus ? Cet aspect est lié, dans une certaine mesure, à l'attitude du public vis-à-vis de la durabilité et à la question de la coopération internationale, mais il dépend aussi du progrès scientifique et de la dynamique des systèmes d'innovation.

Le développement d'une attitude favorable à la durabilité

De quelle manière évoluera l'attitude des consommateurs et des citoyens vis-à-vis de la durabilité au cours des prochaines décennies ? Leur attitude renvoie non seulement à la façon dont ils consommeront les produits et services, mais aussi à la fourniture de biens publics (et au souci d'éviter les « maux » publics). Une attitude plus favorable à la durabilité pourrait avoir pour conséquence, par exemple, une demande accrue pour l'inclusion d'objectifs spécifiques en matière d'alimentation et de nutrition dans le programme mondial de développement durable.

Ces trois dimensions ne sont pas mutuellement exclusives, et ont tendance à s'influencer l'une l'autre. Il existe un autre aspect, qui l'emporte sur tous les autres et qui concerne la stabilité des systèmes politiques, économiques et sociaux et leur capacité à surmonter des chocs extérieurs. La résilience dépendra manifestement de facteurs liés à la coopération internationale, au progrès technologique et à l'intérêt porté par les sociétés à l'existence de systèmes durables.

Différentes visions du monde en 2050 : les scénarios à long terme de l'OCDE

Trois grands scénarios contrastés ont été identifiés. Il ne s'agit pas ici de prédire l'avenir, mais de faire ressortir les incertitudes fondamentales qui entourent la prise de décisions prospective. Chacun de ces scénarios décrit l'avenir possible de l'alimentation et de l'agriculture mondiales de façon différente :

- Le scénario **Croissance fragmentée reposant sur les énergies fossiles** illustre un monde dans lequel prédominent la souveraineté et l'autosuffisance et dans lequel chaque région privilégie une croissance économique basée sur les sources d'énergie fossiles et les technologies connexes, les pouvoirs publics et les citoyens se préoccupant relativement peu des problèmes environnementaux et sociaux. La coopération se limite aux alliances régionales, qu'elles soient de circonstance ou plus durables, et elle procède d'intérêts nationaux plutôt que de visions géopolitiques à long terme. L'évolution des technologies est axée sur l'extraction des combustibles fossiles.
- Le scénario **Croissance durable portée par l'engagement citoyen** décrit un monde dans lequel chaque pays cherche à développer son économie de la manière la plus durable, principalement en raison d'un changement d'attitude de la part des consommateurs et des citoyens. La coopération à l'échelle mondiale est relativement limitée. Les technologies sont axées sur la préservation des ressources naturelles et de l'environnement.
- Le scénario **Croissance rapide reposant sur la coopération internationale** correspond à un monde caractérisé par une nette priorité accordée à la coopération internationale dans le but de favoriser la croissance économique et la prospérité. Les marchés et les grandes entreprises jouent un rôle clé dans ce développement économique rapide, tandis que les problèmes d'environnement attirent moins l'attention des pouvoirs publics et de leurs administrés. Les technologies progressent bien, en particulier dans les domaines de l'alimentation humaine et animale et de la production d'énergie.

Croissance fragmentée : un monde aspirant à la souveraineté et à l'autosuffisance

Le scénario **Croissance fragmentée reposant sur les énergies fossiles** (scénario *Croissance fragmentée* en abrégé) se déroule en réponse à l'expérience d'un manque de fiabilité des structures mondiales de gouvernance – négociations longues et ne présentant qu'un demi-succès pour les accords multilatéraux sur le commerce, les émissions de carbone, etc. – et à la direction prise vers une collaboration plus *régionale*. Ce scénario se caractérise par l'importance accordée à la croissance économique par différentes régions qui utilisent différentes options pour surmonter les pénuries d'énergie et d'autres ressources naturelles. Les progrès technologiques sont axés sur les moyens d'extraire de manière rentable les sources d'énergies fossiles disponibles (par exemple le gaz de schiste, la conversion du charbon, les forages pétroliers en eaux profondes), la bioénergie étant considérée comme une option par les régions qui ont des ressources limitées, mais des terres relativement abondantes. Les marchés sont développés par les pays riches en ressources qui forment des blocs commerciaux régionaux avec des pays à forte population (p.ex. la Fédération de Russie avec la Chine), mais cette coopération repose sur des intérêts nationaux plutôt que sur des visions géopolitiques à long terme, et elle est en partie sectorielle. Les chaînes de valeur mondiales sont de plus en plus remplacées (ou, du moins, complétées) par des chaînes de valeur régionales. Les retombées technologiques, qui sont étroitement liées au commerce des facteurs intermédiaires, sont généralement bien plus importantes au niveau régional qu'au niveau mondial.

La persistance de l'instabilité politique dans les régions vulnérables, notamment au Moyen-Orient et dans certaines parties de l'Afrique, constitue une autre caractéristique de ce scénario. Dans ces régions, l'économie et la société évoluent beaucoup plus lentement qu'ailleurs, par suite de la contraction des investissements, du moindre degré d'intégration commerciale, du manque d'infrastructures, etc. Dans de nombreuses parties du monde, toutefois, les investissements dans les technologies basées sur les combustibles fossiles et d'autres ressources naturelles, la recherche et le développement qui l'accompagnent et une expansion raisonnable des échanges au sein des blocs régionaux donnent lieu à une forte croissance des revenus, bien que les inégalités entre et à l'intérieur des pays aient tendance à se creuser. Les gouvernements nationaux jouent un rôle essentiel en défendant les intérêts des populations de leur pays.

Dans le scénario *Croissance fragmentée,* la croissance démographique relativement forte et l'intensification de l'urbanisation font peser des pressions accrues sur les marchés alimentaires. Bien que le revenu moyen continue d'augmenter à l'échelle de la planète, les inégalités se creusent entre et à l'intérieur des régions et des pays. La disponibilité d'énergie ne pose pas de problème notable et les sources d'énergie privilégiées sont les sources fossiles. Les problèmes d'approvisionnement en eau et en autres ressources naturelles continuent, par contre, de s'aggraver dans de nombreuses régions par suite d'une utilisation pour l'essentiel incontrôlée. Dans le droit fil de l'évolution d'autres secteurs basés sur des ressources fossiles, la productivité agricole augmente fortement, ce qui compense les effets négatifs des ressources rares sur l'offre globale.

Les émissions de gaz à effet de serre (GES) continuent d'augmenter rapidement en raison de la place privilégiée accordée aux ressources fossiles et du faible poids des considérations environnementales dans le choix des consommateurs (dans beaucoup de régions du monde). La progression des GES n'est tempérée que par la croissance économique modérée de nombreuses économies. Globalement, ce niveau d'émissions modérément élevé a des conséquences négatives pour le climat.

Le système agricole se caractérise par une forte intensité d'intrants et doit avoir une productivité élevée. Les systèmes de production dans l'agriculture rurale convergent vers des systèmes à grande échelle à forte intensité technologique, qui n'accordent guère d'importance aux problèmes environnementaux à moins que ces derniers n'aient des conséquences directes et quantifiables sur la production agricole. Les pertes de biodiversité au sein des biosystèmes agricoles sont généralement compensées par des progrès technologiques et des pratiques culturales qui permettent une conversion efficiente des éléments fertilisants et des éléments nutritifs en rendements végétaux et animaux.

Les stratégies et les mesures ayant pour effet d'encourager une grande indépendance par rapport aux importations alimentaires interrégionales sont très diverses au sein des grandes régions et même entre les pays de ces régions. L'agriculture, comme les autres secteurs, est fortement tributaire des énergies fossiles, bien que des possibilités d'utilisation de biocarburants dans certaines régions puissent conférer une certaine souplesse au système. La production de denrées agricoles est complétée par l'aquaculture sur terre ou sur le rivage, qui lui fait en partie concurrence pour les mêmes ressources. Le commerce international entre les régions en particulier est peu développé, et la coopération internationale est généralement moins intense. Les différences entre les dotations en ressources, les impacts du changement climatique et les autres déterminants des avantages comparatifs entraînent donc des différences relativement importantes au niveau de l'approvisionnement agricole et alimentaire et, par conséquent, des écarts de prix entre les régions.

Étant donné que les revenus par habitant augmentent dans la plupart des régions du monde, les consommateurs continuent de demander toujours plus d'aliments riches en protéines à base de produits animaux, sans guère prêter attention aux caractéristiques environnementales, sociales ou autres des produits qui ne sont pas immédiatement apparentes. La consommation s'oriente aussi vers des produits de plus en plus transformés, en combinaison avec de nouveaux services (consommation hors du foyer, livraison à domicile, produits prêts à consommer). Les chaînes de valeur régionales et les distances couvertes par les produits alimentaires, pour autant qu'elles demeurent essentiellement dans les limites des régions, peuvent donc être longues.

Croissance durable : un monde où l'on se préoccupe de l'environnement et du social

Le scénario **Croissance durable portée par l'engagement citoyen** (scénario *Croissance durable* en abrégé) se fonde sur le développement accentué, chez les consommateurs et chez les citoyens, d'une attitude favorable à une consommation et un développement durables. Une majorité des segments de la population accordent davantage d'importance à la manière dont les biens qu'ils consomment sont produits et prennent leurs décisions au quotidien en tenant compte de leur empreinte environnementale et sociale. Ils s'emploient aussi à orienter les politiques publiques vers l'adoption de systèmes de transport à faible intensité en carbone et vers un développement urbain durable, même si les avis sur ce qu'est le « développement durable » diffèrent selon les pays et les régions. En conséquence, la coopération internationale est beaucoup plus limitée et les pays formulent leurs propres stratégies pour verdir leur économie, et les pays voisins qui se trouvent dans des situations similaires suivent leur exemple en adoptant les mêmes stratégies. Ces stratégies peuvent sensiblement varier entre grandes régions, et la collaboration se limite pour l'essentiel aux échanges et à l'harmonisation des systèmes à l'intérieur de ces régions. Les gouvernements nationaux jouent un rôle essentiel en forgeant des coalitions régionales. Les organisations de la société civile ont, quant à elles, pour fonction primordiale de piloter le programme de durabilité, chacune dans sa région.

Il s'ensuit que la majorité des efforts de recherche et développement concernent l'économie des ressources naturelles et la préservation de l'environnement. Les méthodes et les technologies, si leur partage à l'intérieur des régions se fait de manière relativement facile, continuent d'être différentes d'une région à une autre. À l'intérieur des pays et des régions, le renforcement de la participation de la société améliore l'accès aux ressources (alimentation, patrimoine, éducation, technologies, etc.) de tous les segments de la société. Malgré de plus faibles niveaux d'émissions de GES, et donc une réduction des risques de chocs liés au changement climatique, l'insuffisance d'infrastructures mondiales développées (commerce, réglementation, coopération culturelle, langues, etc.) accroît la vulnérabilité aux chocs politiques et économiques.

Les chaînes de valeur se transforment pour revêtir une portée plus régionale que mondiale. Lorsque les coalitions régionales sont suffisamment vastes, l'efficacité des chaînes de valeur ne s'en trouve pas réduite, cependant les changements qui peuvent intervenir au niveau des coalitions accroissent le risque de perturbations.

Le scénario *Croissance durable* se caractérise également par un niveau de conscience sociale élevé et des efforts pour construire des sociétés plus inclusives. Il en résulte un haut niveau d'éducation au niveau mondial et une réduction de la croissance démographique, et l'intérêt général porté à un mode de vie « écologique », notamment dans les pays développés, ralentit et inverse en partie le processus d'urbanisation. Les consommateurs riches, surtout dans les pays à revenu élevé, souhaitent de plus en plus adopter des régimes alimentaires plus sains faisant une moindre place à la viande, bien que l'augmentation des revenus et la croissance démographique dans les pays à faible revenu et à revenu intermédiaire continuent d'entraîner un accroissement de la consommation de viande dans ces régions. Grâce au niveau d'instruction plus élevé et à l'ampleur de la R-D, l'agriculture et d'autres secteurs peuvent bénéficier d'une rapide augmentation de la productivité qui permet d'économiser différents intrants. La productivité des terres souffre néanmoins, dans l'ensemble, des contraintes imposées au niveau des intrants par les consommateurs et la société civile. L'augmentation des revenus est freinée par le manque de coopération à l'échelle mondiale, mais bénéficie de l'accroissement de la productivité et de la disponibilité d'une main-d'œuvre qualifiée.

Tandis que les réserves d'énergie fossile diminuent (et que les sources restantes sont assujetties à d'importantes taxes sur le carbone dans un certain nombre de pays), les sources d'énergie renouvelable se développent rapidement et permettent un approvisionnement énergétique suffisant et assez économique, et la réduction significative de la dépendance énergétique des économies entraîne une baisse de la demande globale d'énergie. La demande d'autres ressources naturelles, comme l'eau, connaît une diminution similaire, sachant que ces ressources sont utilisées de manière plus efficiente. Par ailleurs, des tensions peuvent apparaître localement entre les utilisations alimentaires et non alimentaires – y compris les énergies renouvelables – de la biomasse et des facteurs de production connexes.

Bien qu'il se poursuive, le changement climatique est nettement plus lent par suite des fortes réductions des émissions de GES. L'augmentation des températures de surface moyennes mondiales ne dépasse pas 2 à 3 degrés, et cette évolution se traduit par une amélioration des rendements aux latitudes plus élevées sans toutefois avoir des impacts négatifs considérables aux latitudes plus faibles : le monde suit une trajectoire d'émission relativement basse.

En raison de ces facteurs, le système agricole présente des gains de productivité axés principalement sur la réduction, au niveau mondial, de l'utilisation d'intrants comme l'eau, les engrais chimiques, les pesticides, etc. De nombreux consommateurs, notamment dans le monde développé, restructurent leur demande en faveur d'aliments produits par des méthodes respectueuses de l'environnement, et acceptent les prix plus élevés dus aux rendements relativement plus faibles de ces types de production. Les réserves naturelles, les infrastructures et les établissements ruraux réduisent généralement les superficies utilisées pour la production agricole, notamment dans les pays développés. Les priorités environnementales caractérisent le vaste consensus entre les secteurs de l'exploitation agricole, de la transformation agricole et de la vente de détail et les consommateurs de produits alimentaires, et la croissance verte est un principe de plus en plus généralement accepté. Plus la part des produits de l'élevage dans la consommation diminue par rapport aux autres scénarios, surtout dans les pays à revenus élevés, plus les protéines végétales sont sollicitées, et les efforts accrus pour réduire le gaspillage alimentaire d'une extrémité à l'autre de la chaîne d'approvisionnement tendent à réduire les pressions sur les marchés de produits agricoles et alimentaires.

L'agriculture fournit également de plus en plus de produits biologiques qui servent de matières premières dans la production d'une gamme d'articles autres que les denrées alimentaires. Grâce au recyclage des déchets, la demande globale de matières agricoles demeure toutefois plus faible que prévu compte tenu du remplacement de matériels antérieurement à base de ressources fossiles. L'aquaculture en mer complète l'offre alimentaire, mais en raison de l'absence d'un accord mondial sur une exploitation durable des ressources marines, sa contribution est limitée. Parallèlement, la production de denrées en zone urbaine, favorisée par l'attention accrue portée au kilométrage alimentaire et au raccourcissement des chaînes d'approvisionnement, est limitée par la demande d'espaces verts des citoyens dans les villes. Les efforts se concentrent sur l'établissement de liaisons entre les villes et les zones rurales, ce qui a pour effet d'accroître l'importance des chaînes d'approvisionnement périurbaines.

Croissance rapide reposant sur la coopération internationale : une croissance économique en coopération

Le scénario **Croissance rapide reposant sur la coopération internationale** (scénario *Croissance rapide* en abrégé) repose sur un renouveau du multilatéralisme qui est soutenu par les moteurs de croissance de la Chine et de l'Inde, ainsi que du Brésil et d'autres économies de l'Asie du Sud. Malgré quelques progrès réalisés lors de négociations sur le changement climatique comme la conférence de la COP21 à Paris en décembre 2015, et un engagement général dans le sens d'une croissance économique moins gourmande en carbone, les économies en expansion continuent à accroître leurs émissions. Cependant, la nette priorité accordée à la coopération multilatérale dans les échanges internationaux conduit à un ambitieux accord sur le commerce mondial favorisé par l'OMC. La coopération internationale est aussi un moteur puissant des entreprises internationales. Elle facilite le processus d'innovation et l'efficacité des chaînes d'approvisionnement, et elle renforce le pouvoir de marché des grandes entreprises multinationales. Le développement rapide des nouvelles technologies et des méthodes de production dans les domaines de l'alimentation humaine, de l'alimentation animale et de l'énergie permet de répondre aux besoins d'une population mondiale en forte croissance et de faire face à la rareté imminente des ressources. Des avancées technologiques sont réalisées, entre autres dans les domaines des piles à hydrogène et des piles à combustible, des véhicules à pile, des biocarburants, de la chimie verte, de la télédétection. Avec une moindre surveillance exercée par chaque État-nation, la croissance annuelle du PIB par habitant sur vingt ans doit pouvoir avoisiner les 4 %. L'urbanisation est rapide et le développement de mégapoles s'accélère à l'échelle de la planète ; peu d'attention est portée à la diversité alimentaire, à la biodiversité ou à la diversité du patrimoine culturel. Les présidents directeurs généraux des sociétés multinationales et les maires des mégapoles exercent une influence significative sur les grandes décisions et peuvent avoir plus d'influence que les autorités nationales ou les organisations intergouvernementales.

Les échanges mondiaux quadruplent à l'horizon 2030, et la production alimentaire augmente rapidement. Les habitants de la planète ne bénéficient cependant pas tous autant de ces progrès, et les disparités sont importantes. Les inégalités de revenus et de richesses entre les pays et les individus se creusent. Même si l'Afrique subsaharienne affiche systématiquement un taux de croissance positif durant la période, l'accès à des ressources de base comme la nourriture, l'eau, le logement et l'éducation pose toujours problème pour une grande proportion de la population. Comme au début des années 2000, des pénuries et des guerres commerciales sectorielles peuvent fréquemment affecter certains produits de base ou certains matériaux rares, en raison d'une évolution des structures de consommation, de mauvaises récoltes ou de stocks restreints. L'Europe, les Amériques et la région de la mer Noire continuent d'être les épicentres d'une production agricole stable, et leurs marchés constituent, dans une certaine mesure, un filet de protection pour le reste du monde.

La forte mondialisation, l'urbanisation rapide, les infrastructures de haute technologie et l'investissement élevé dans l'innovation technologique se traduisent par une utilisation des terres très intensive en ressources, une augmentation des intrants sous forme d'engrais chimiques, des écosystèmes agricoles hautement exploités et des régimes alimentaires riches en viande. Il existe toutefois un double système agricole caractérisé par l'existence d'exploitations agricoles de taille limitée remplissant plusieurs fonctions qui prospèrent parallèlement à des exploitations intensives de grande envergure étroitement intégrées à la chaîne d'approvisionnement mondial. Quel que soit le type de catégorie à laquelle ils appartiennent, les exploitants, qui ont un niveau d'instruction élevé, adoptent avec enthousiasme les nouvelles méthodes et technologies de production.

Grâce aux progrès technologiques et à la biomasse énergie, l'énergie reste relativement bon marché. La productivité des terres, du travail et du capital utilisés dans l'agriculture et dans la production alimentaire est, par conséquent, très élevée, ce qui favorise les importants courants d'échanges internationaux et les marchés mondiaux. Cela se traduit par un élargissement du choix de produits alimentaires dans les pays, au détriment de la diversité des modes de consommation alimentaire au plan mondial.

Compte tenu de la forte croissance démographique mondiale et de la hausse des revenus, la consommation d'aliments et d'énergie croît fortement dans certaines régions, notamment l'Afrique subsaharienne, l'Asie et certains pays d'Amérique latine. Cette robuste croissance économique entraîne une augmentation importante des émissions de GES qui a de graves conséquences pour le climat, même si l'intensité en carbone de nombreuses économies n'est pas extrêmement élevée. La tendance mondiale est donc aux niveaux d'émissions élevés. L'eau continue de poser un problème dans certaines parties du monde, car le changement climatique exacerbe les épisodes de sécheresse, et la consommation humaine fait concurrence au secteur agricole en absorbant une plus grande part des ressources en eau disponibles. Le système agricole souffre, de surcroît, de la perte de terres dans les zones côtières en raison de l'élévation du niveau de la mer, et dans les zones arides en raison du processus de désertification.

Le système agricole fait l'objet, dans la plupart des cas, d'une gestion très perfectionnée et est étroitement intégré dans la chaîne de valeur. La plus grande partie de la production agricole est à forte intensité de ressources et de terres. Les marchés et les industries en aval, comme les intermédiaires, les entreprises multinationales et les distributeurs, exercent une influence importante sur les changements structurels et les chaînes d'approvisionnement alimentaire sont généralement longues, avec une importante spécialisation des entreprises et des pays. Les gains de productivité sont donc rapides et généralisés. Les nouvelles technologies se diffusent à grande vitesse et parviennent pour certaines aux agriculteurs par le biais des chaînes d'approvisionnement intégrées. Un petit segment des exploitations agricoles multifonctionnelles contribue à approvisionner les marchés spécialisés axés sur les consommateurs les plus riches. En même temps, l'expansion des zones urbaines donne lieu à la conception de nouveaux systèmes de production agricole qui sont de plus en plus indépendants du sol. Les nutriments des plantes, le CO_2 et la lumière artificielle sont convertis en biomasse dans des tours de production industrielle en grande partie automatisées, qui produisent des légumes et d'autres denrées pour les consommateurs urbains. Dans ces conditions, cependant, un grand nombre de petits paysans exploitant des terres marginales dans les pays en développement pourraient rester sur le bord de la route faute de disposer des connections nécessaires pour accéder aux chaînes de valeur et aux marchés de consommation.

Certains risques systémiques se trouvent renforcés par la concentration des marchés qui pourraient être dominés par un petit nombre de multinationales. De même, l'importance prise par l'économie du commerce électronique dans le secteur agroalimentaire pourrait accroître la vulnérabilité aux risques techniques.

L'aquaculture en mer produit d'importantes quantités de poissons, grâce au progrès technologique, à une étroite coopération et aux accords internationaux portant sur l'exploitation de la haute mer. Cette branche d'activité se développe toutefois par à-coups, car les maladies piscicoles perturbent fréquemment les systèmes.

De fortes pressions s'exercent en faveur de différentes formes de bioénergie et d'autres bioproduits. L'accès aux ressources (la terre et l'eau en particulier) est inégalement réparti entre les pays, et dépend des impacts du changement climatique. La coopération internationale permet toutefois de développer l'aquaculture à grande échelle en haute mer, ce qui permet de compléter les ressources alimentaires produites par les systèmes de production terrestre. Le commerce international se développe grâce à l'ouverture générale des marchés et à l'accroissement du rôle des plates-formes de commerce électronique, qui permettent de relier les entreprises de toutes tailles plus ou moins directement à leurs consommateurs à l'étranger. En conséquence, une compensation peut se faire entre les pays et les régions en cas de pénurie locale, par exemple en cas de sécheresse dans le Sud de l'Asie ou de hausse des prix, afin d'atténuer les impacts négatifs éventuels de ces chocs.

Principales perspectives des marchés agricoles dans ces scénarios

Compte tenu de ces caractéristiques différentes, quelles sont les implications pour les marchés agricoles dans ces différents futurs possibles ? Selon les simulations effectuées au moyen de quatre modèles économiques mondiaux, les perspectives de la production et des revenus agricoles diffèrent selon les tendances historiques, qui dépendent elles-mêmes des hypothèses sur lesquelles reposent les scénarios (voir l'encadré 1.3 pour une rapide description de la manière dont les scénarios ont été quantifiés). On peut cependant observer une variation importante des prix des produits agricoles. Ces derniers sont principalement déterminés par l'évolution de la demande de denrées alimentaires, ainsi que par la progression de la productivité agricole et l'expansion des superficies cultivées.

Encadré 1.3. Quantification des scénarios à long terme de l'OCDE

Quatre modèles économiques mondiaux axés sur le secteur de l'alimentation et de l'agriculture ont été utilisés pour quantifier les éléments essentiels des scénarios de l'OCDE et les implications de ces scénarios et de différentes stratégies publiques pour les principaux résultats de ce secteur. Deux modèles d'équilibre général calculables (EGC) ont été retenus : le modèle ENVISAGE, initialement conçu et appliqué par la Banque mondiale et utilisé spécialement pour analyser les questions associées au changement climatique, et le modèle MAGNET, conçu et appliqué par le LEI (de Wageningen-UR), qui ciblent, entre autres, les politiques agricoles, l'utilisation des terres et les questions de productivité. Deux modèles d'équilibre partiel ont également été utilisés : le modèle GLOBIOM de l'IIASA, conçu principalement pour évaluer les politiques d'atténuation du changement climatique dans les secteurs terrestres, et le modèle IMPACT de l'IFPRI, qui cible les liens entre la production agricole et la sécurité alimentaire nationale. De plus amples détails sur ces modèles et les références connexes sont présentés à l'annexe 1.A1.

Pour quantifier les scénarios de l'OCDE au moyen de ces quatre modèles économiques, il est nécessaire de spécifier de manière détaillée la gamme des déterminants utilisés en tant que variables exogènes dans les modèles. Ces facteurs concernent les évolutions démographique et macroéconomique (croissance démographique, progression du PIB par habitant), l'augmentation de la productivité agricole (croissance exogène « intrinsèque » des rendements des cultures et des prairies, les prix de l'énergie (et, par conséquent, des engrais), les hypothèses relatives aux changements structurels de la demande de denrées alimentaires, et les hypothèses générales sur l'évolution des politiques publiques (par exemple sur l'appui aux biocarburants, sur les coûts des échanges alimentaires associés aux différences entre les réglementations). Dans la mesure du possible, la quantification de ces facteurs se fonde sur une étude de scénarios antérieure, notamment dans le contexte de la recherche sur le changement climatique : chacun des trois scénarios est plus ou moins lié à une des familles de scénarios d'évolution socio-économique (SSP) du GIEC (Groupe d'experts intergouvernemental sur l'évolution du climat), et les implications qualitatives pour le changement climatique se traduisent par un des profils représentatifs d'évolution des concentrations (RCP) également élaborés dans le contexte des travaux du GIEC. D'autres projections existantes utilisées se fondent sur les travaux de l'Institut international de recherche sur les politiques alimentaires (IFPRI) consacrés à la productivité des cultures, sur les études relatives à la croissance de la productivité des herbages et la croissance du rendement de conversion des aliments pour animaux de l'Agence néerlandaise pour l'évaluation de l'environnement PBL, sur le scénario courant de politique de l'Agence internationale de l'énergie (AIE) pour les prix de l'énergie, et, pour le scénario Croissance durable, sur les travaux en cours de l'Institut international pour l'analyse des systèmes appliqués (IIASA) sur les régimes alimentaires durables. Les trois scénarios sont présentés plus en détail dans l'annexe de ce chapitre, et pour davantage d'information sur les SSP et les RCP spécifiques choisis et sur les ajustements spécifiques destinés à mieux refléter ces canevas qualitatifs, on consultera l'Annexe 1.A2. Les principales différences au niveau des facteurs, entre les trois scénarios, doivent être mises en évidence pour faciliter la lecture des résultats quantitatifs des scénarios présentés dans ce rapport.

Le scénario Croissance fragmentée reposant sur les énergies fossiles se distingue des autres comme suit : il affiche la croissance démographique la plus dynamique (laquelle aboutit à une population totale de près de 10 milliards d'habitants en 2050) et, dans la plupart des régions, le revenu par habitant le plus faible. La forte intensité de la production agricole posée en hypothèse entraîne une croissance exogène comparativement forte des rendements des cultures et des prairies : sur la base d'une croissance modérée du PIB, du rapide développement des technologies fossiles et d'une productivité modérément affectée par le changement climatique, les rendements connaissent une évolution relativement favorable. Les hypothèses concernant les prix de l'énergie sont établies sur la base du scénario des Politiques actuelles de l'AIE, et elles comprennent généralement une hausse des prix réels (112 %, par exemple, entre 2010 et 2050, pour le pétrole brut, mais 22 % seulement pour le charbon sur la même période). La structure de la consommation alimentaire dépend essentiellement de la croissance démographique et de l'augmentation des revenus, ce qui signifie que la demande de produits de base devrait fortement augmenter (par suite de la croissance démographique) tandis que celle des produits à forte valeur ajoutée (qui est essentiellement tirée par l'augmentation des revenus par habitant) devrait afficher une progression modérée. Aucun changement spécifique n'est supposé concernant les politiques commerciales. Cependant, les coûts des échanges de produits alimentaires et agricoles entre les trois grandes régions du monde, à savoir i) les Amériques, ii) l'Europe, le Moyen-Orient et l'Afrique, et iii) l'Asie et l'Océanie, sont supposés augmenter de 10 % de la valeur d'échange, compte tenu du manque de cohérence des réglementations résultant de la priorité donnée par les régions à leur souveraineté et à leur indépendance.

En comparaison, le scénario Croissance durable portée par l'engagement citoyen correspond à une croissance démographique significativement moins importante, aboutissant à une population totale d'environ 8.5 milliards d'habitants en 2050. Le taux de croissance du revenu par habitant est légèrement plus faible que dans le scénario Croissance fragmentée pour la moyenne des pays membres de l'OCDE, mais il est plus élevé pour les pays émergents et en développement. La diminution de l'utilisation de facteurs de production se solde par une progression des rendements bien inférieure à celle supposée dans le scénario Croissance fragmentée, notamment à long terme : la croissance relativement faible du PIB dans la zone de l'OCDE et le moindre recours aux technologies consommatrices d'intrants font baisser les rendements en dépit de l'impact relativement plus faible du changement climatique. Les hypothèses concernant les prix de l'énergie sont plus hautes que dans le scénario Croissance fragmentée, en particulier à moyen terme, mais les différences s'estompent à plus long terme (par exemple, les prix réels du pétrole brut sont censés augmenter de 120 % au total, par exemple, les trois quarts de cet accroissement se produisant avant 2030). Les hypothèses relatives à la structure de la consommation alimentaire sont très différentes, et engendrent une demande bien moindre de produits animaux, en particulier de viande, par rapport à ce qu'elle pourrait être compte tenu des niveaux de revenu par habitant, tandis que la demande de fruits et de légumes et d'autres produits alimentaires très nutritifs augmente à un rythme bien supérieur à la tendance en raison de l'augmentation des revenus. Comme l'indiquent les résultats du modèle, cette restructuration de la demande est importante si l'on considère le ralentissement de la progression des rendements, de sorte que le niveau général des prix est légèrement plus faible. Les coûts des échanges dus aux différences entre les cadres réglementaires ne sont pas supposés se modifier ; en d'autres termes, la modélisation du scénario ne fait intervenir aucun coût supplémentaire.

Enfin, le scénario Croissance rapide reposant sur la coopération internationale se caractérise par une croissance démographique intermédiaire aboutissant à une population totale d'environ 9.3 milliards d'habitants en 2050 et par une forte croissance du revenu par habitant dans toutes les régions. Les hypothèses exogènes de rendement se situent entre les deux autres scénarios : avec beaucoup d'innovation et une diffusion rapide des technologies partiellement contrebalancées par d'importantes entraves au rendement résultant du changement climatique, la croissance des rendements serait significativement plus forte que dans le scénario Croissance durable, mais moins forte que dans le scénario Croissance fragmentée. Les hypothèses relatives aux prix de l'énergie convergent pour tous les types de combustibles et pour toutes les régions : si les prix du pétrole brut sont censés s'accroître de seulement 41 % en termes réels, ceux du charbon (qui est bien meilleur marché) sont censés augmenter de 145 %. De même, les prix du gaz naturel sont censés augmenter beaucoup plus rapidement en Amérique du Nord qu'en Europe et dans la région du Pacifique. Comme dans le scénario Croissance fragmentée, la structure de la demande alimentaire est fonction de la croissance démographique et de la progression des revenus. En revanche, le scénario Croissance rapide fait intervenir une restructuration de la demande bien plus marquée au profit des produits animaux et d'autres produits à forte valeur ajoutée et au détriment des produits de base. Du fait d'une coopération internationale plus étroite, les coûts commerciaux engendrés par les différences réglementaires sont supposés diminuer de 10 % de la valeur des échanges de produits alimentaires et agricoles aussi bien à l'intérieur qu'entre les grandes régions du monde.

La production mondiale de céréales et de viande a fortement augmenté au cours des 40 dernières années, et cette évolution devrait se poursuive jusqu'en 2050 sous réserve de quelques modifications : il est important de noter que l'augmentation de la production de viande pourrait se ralentir fortement dans le scénario *Croissance durable* par suite de la très nette réduction de la place accordée aux protéines animales dans l'alimentation des consommateurs des sociétés riches. L'accroissement de la production de céréales pourrait, en revanche, s'accélérer au cours des 20 prochaines années dans les scénarios *Croissance fragmentée* et *Croissance rapide* par suite des importants gains de productivité et de la forte croissance démographique. En moyenne, avec différents modèles, la production de céréales et la production de viande pourraient s'accroître respectivement de 60 % et de 70 % environ d'ici 2050 dans le scénario *Croissance rapide* et légèrement moins dans le scénario *Croissance fragmentée* (graphique 1.1).

Cependant, ces moyennes masquent d'importantes différences entre les quatre modèles retenus. Les différences observées d'un modèle à un autre, que représentent les lignes pointillées sur le graphique 1.1, sont du même ordre que les différences d'un scénario à un autre au niveau mondial. Dans la plupart des cas, les principales conclusions tirées des quatre modèles considérés collectivement sont assez robustes par rapport aux modèles pris individuellement. Par exemple, les classements des scénarios obtenus à partir des moyennes des modèles correspondent globalement à ceux qui ressortent de tous, ou pratiquement tous les modèles pris individuellement. Les exceptions concernent généralement les résultats qui apparaissent similaires dans différents scénarios : dans ces cas, les modèles individuels peuvent suggérer des classements différents (toutefois ces différences sont alors moins importantes). La variabilité entre modèles tient aux différentes théories sur lesquelles ils reposent. Admettre cette variabilité contribue largement à reconnaître l'existence d'incertitudes, et à y faire face.

Graphique 1.1. Production mondiale de céréales (à gauche) et de viande (à droite), historique et prévisionnelle, par scénario

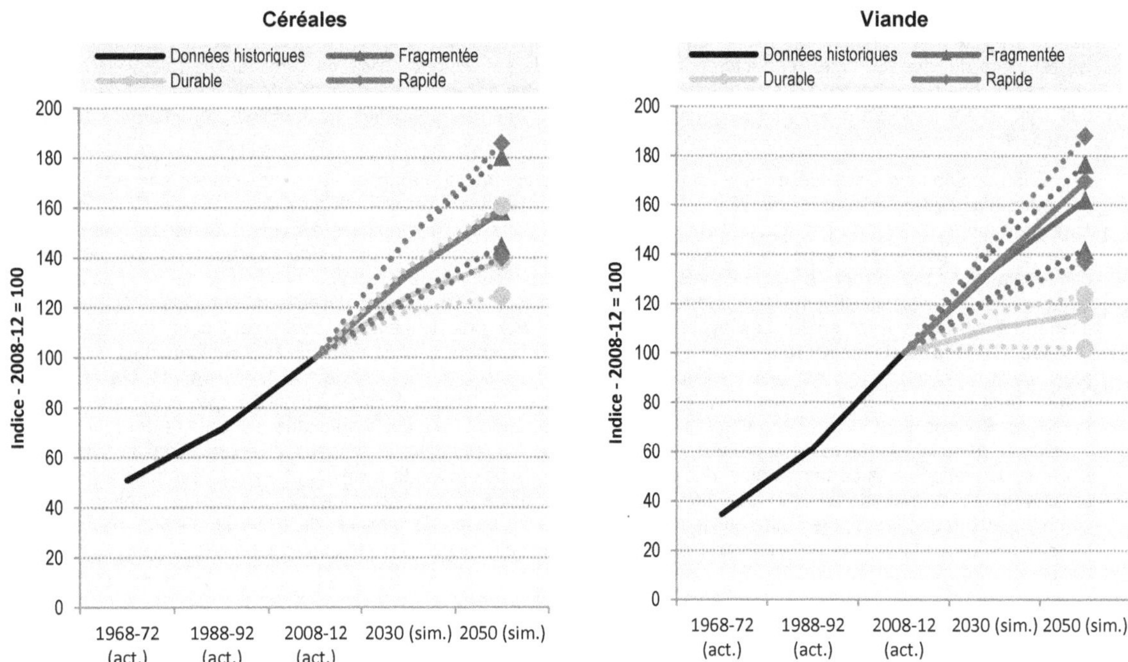

Note : les données historiques sont basées sur les quantités physiques, tandis que les projections sont basées sur les volumes de production évalués à prix constant. Les résultats des modèles sont les variations relatives entre 2010, 2030 et 2050, et sont superposés à des observations provenant d'autres sources, de sorte que les projections des niveaux sont établies sur la base de calculs supplémentaires. Les lignes continues décrivent les moyennes établies à partir des quatre modèles utilisés, tandis que les lignes en pointillé représentent l'intervalle de variation des résultats des modèles (minima et maxima). Act. = données actuelles. Sim. = données simulées

Source : séries chronologiques de FAOSTAT (2014) ; projections établies à partir des résultats des modèles utilisés.

Si les résultats produits par les modèles pour la production agricole indiquent la poursuite des tendances antérieures à quelques différences près, il est loin d'en être de même pour les prix agricoles. Ces derniers ont diminué, en termes réels, de près de 2 % par an en moyenne au cours des quarante années écoulées entre 1960 et 2000, mais ont fortement augmenté dans les années 2000. Si l'on se base sur la moyenne des résultats des trois scénarios, l'évolution historique à la baisse des prix ne devrait pas se reproduire au cours des prochaines décennies. En moyenne, pour tous les modèles, les prix des végétaux et des autres produits agricoles ne devraient pas baisser, mais rester stables, ou dans le scénario *Croissance rapide* en particulier, qui se caractérise par une forte croissance économique à l'échelle mondiale, augmenter jusqu'en 2050 (graphique 1.2). Dans le scénario *Croissance durable*, qui suppose que les consommateurs renoncent en grande partie aux produits animaux et que la pression sur les ressources agricoles diminue en conséquence, les prix des céréales devraient légèrement baisser, les prix de la viande, et notamment de la viande de ruminants, continuant à diminuer.

En ce qui concerne les volumes de production, les différences d'un modèle à un autre sont importantes. En particulier, les résultats de la modélisation font apparaître des différences notables dans le scénario *Croissance rapide*, caractérisé par une forte croissance économique et un changement climatique accentué. Bien que trois des modèles indiquent une évolution des prix agricoles allant de -7 % à +19 % au cours de la période de 40 ans, le quatrième modèle indique une hausse des prix nettement plus marquée dans les trois scénarios, qui peut atteindre +60 % dans le scénario *Croissance rapide*.

Graphique 1.2. Prix à la production réels mondiaux des produits agricoles, données historiques et perspectives par scénario

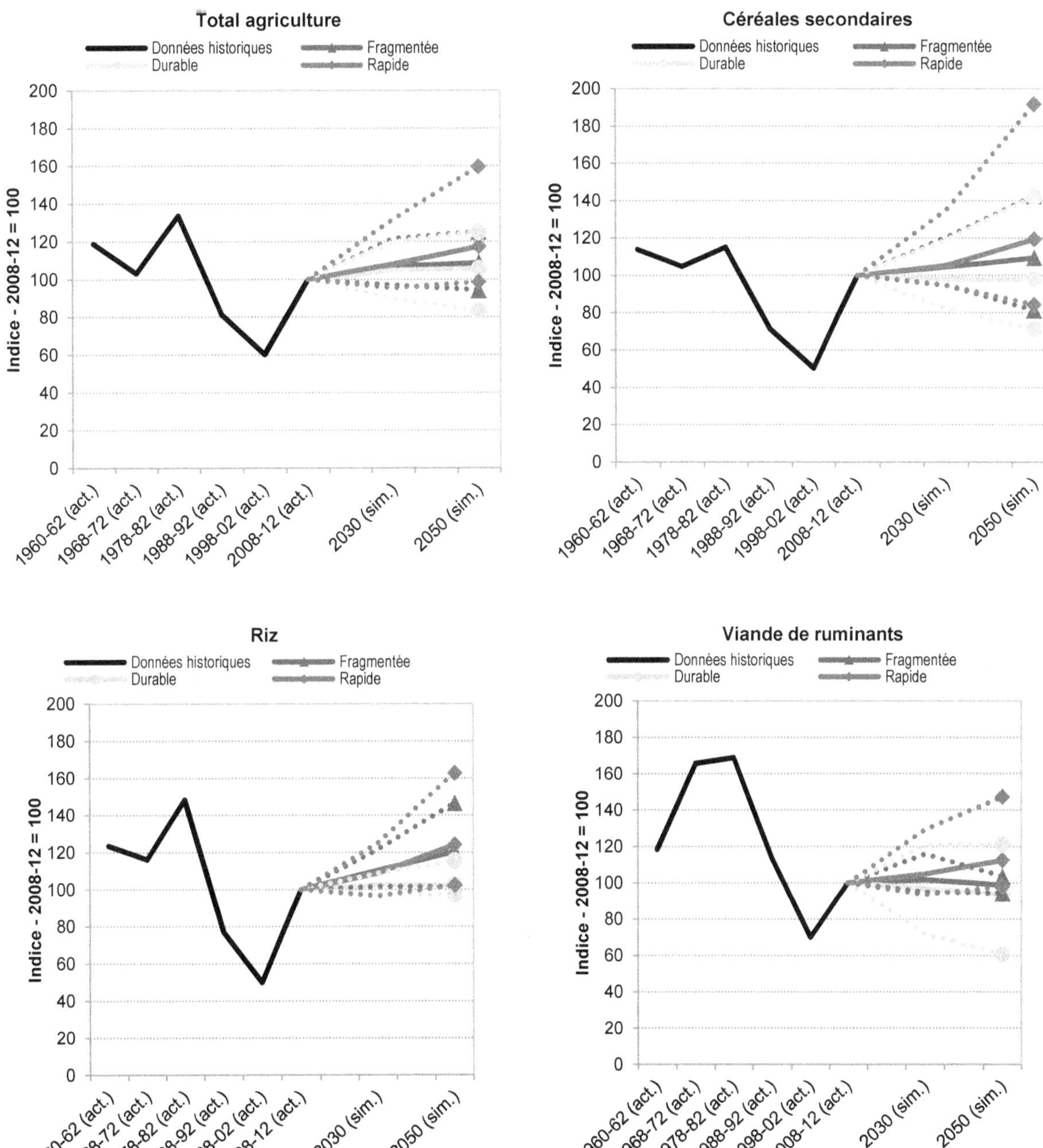

Note : les prix des produits de base sont les prix réels observés, les prix à la production réels moyens mondiaux sont des projections. Tous les prix sont ajustés au moyen du déflateur du PIB des États-Unis.. Les résultats des modèles sont les variations relatives entre 2010, 2030 et 2050, et sont superposés à des observations provenant d'autres sources, de sorte que les projections des niveaux sont établies sur la base de calculs supplémentaires. Les lignes continues décrivent les moyennes établies à partir des quatre modèles utilisés, tandis que les lignes en pointillé représentent l'intervalle de variation des résultats des modèles (minima et maxima). Les données chronologiques pour les prix des céréales secondaires sont les prix du maïs, les données sur les prix du riz sont les prix du riz thaï (5 % brisure), et les données sur les prix de la viande de ruminants sont les prix de la viande de bœuf.

Sources : séries de données de la Banque mondiale (2015a), déflateur du PIB des États-Unis tiré de la publication de la Banque mondiale (2015b) ; projections établies à partir des résultats des modèles utilisés.

Les disparités entre les résultats des modèles tiennent, pour l'essentiel, à quatre grands facteurs d'incertitude : i) l'évolution de la demande alimentaire au fur et à mesure de l'augmentation des revenus, ii) la faisabilité technique et le coût de la mise en exploitation agricole de superficies supplémentaires, iii) le rôle et la modélisation de la productivité du travail dans le contexte d'économies en expansion, et iv) les perspectives de gains de productivité en réponse à la hausse des prix agricoles[4].

Par ailleurs, parce qu'ils sont de type déterministe, aucun de ces modèles n'apporte d'éclairage sur les évolutions possibles de la volatilité des prix, lesquelles pourraient avoir des conséquences importantes pour l'évolution à court terme de la sécurité alimentaire, de l'agro-économie et d'autres variables. Les chocs et la volatilité continuent de caractériser les trois scénarios, même si le type de chocs et la distribution régionale des mouvements de balancier du marché diffèrent. Dans le scénario *Croissance rapide*, où les économies sont plus ouvertes et où les échanges peuvent atténuer certains chocs régionaux, la volatilité des marchés pourrait avoir une dimension plus mondiale et se trouver amortie, tandis que dans le scénario *Croissance fragmentée*, caractérisé par une instabilité politique et climatique à l'échelle régionale, l'effet tampon des marchés internationaux est moins marqué. Dans le scénario *Croissance durable*, la faible utilisation d'intrants agricoles pourrait se traduire par des fluctuations plus prononcées des rendements, ce qui pourrait une fois encore aggraver la volatilité des marchés régionaux.

Si les tendances observées aux périodes antérieures se poursuivent, abstraction faite du tassement ou, éventuellement, de la hausse des prix, la contribution de l'agriculture au PIB diminue dans toutes les régions, dans tous les scénarios et dans tous les modèles. Si, à l'échelle mondiale, elle est tombée de 6.4 % en 1995 à environ 3 % à l'heure actuelle (Banque mondiale, 2015b), elle devrait, selon les modèles, s'établir à un niveau compris entre 1.6 % (scénario *Croissance fragmentée*) et 1.2 % (scénario *Croissance rapide*) d'ici 2050[5]. Si l'importance de l'agriculture dans l'économie totale est beaucoup plus grande dans les pays en développement, la diminution de sa contribution – due à la croissance globale – est généralisée, et elle est reflétée et renforcée par la baisse de la part totale de la main-d'œuvre employée dans le secteur.

Notes

1. Si beaucoup de « pays en développement » pourraient quitter cette catégorie en devenant plus développés, ce terme et d'autres dénominations similaires sont utilisés dans le rapport pour distinguer les groupes de pays en fonction de leur situation économique actuelle.

2. La Convention sur la diversité biologique définit la biodiversité de la manière suivante : « Variabilité des organismes vivants de toute origine y compris, entre autres, les écosystèmes terrestres, marins et autres écosystèmes aquatiques et les complexes écologiques dont ils font partie ; cela comprend la diversité au sein des espèces et entre espèces ainsi que celle des écosystèmes. » (article 2, CDB, 1992).

3. Selon des travaux plus récents basés sur des images par satellite, cette assertion généralement acceptée d'un ralentissement pourrait cependant ne pas être vérifiée dans les faits. D'après une étude acceptée par Geophysical Research Letters, les pertes nettes de couvert forestier dans les tropiques humides (Afrique tropicale, Asie du Sud-Est et Amérique latine) sont passées d'en moyenne 4 millions d'ha par an dans les années 1990 à 6.5 millions d'ha par an en moyenne durant les années 2000. Les auteurs constatent néanmoins une diminution de plus faible amplitude entre les deux premières périodes de cinq ans des années 2000 (de 7 millions d'ha par an entre 2000 et 2005 à 6.1 millions d'ha par an entre 2005 et 2010) par suite de l'augmentation

des gains des superficies forestières en Asie tropicale et du ralentissement des pertes au Brésil (Kim et al., 2015).

4. Cela vaut pour un plus grand nombre de modèles utilisés pour établir des projections à long terme. Voir von Lampe et al. (2014a), Robinson et al. (2014) et plusieurs autres études publiées dans le même numéro spécial de la revue Agricultural Economics (Vol. 45/1).

5. Sur la base des estimations de la Banque mondiale pour 2008-12 et des taux de croissance générés par les modèles.

Références

AIE (2014), *World Energy Outlook 2014*, AIE, Paris, http://dx.doi.org/10.1787/weo-2014-en.

Alexandratos, N. et Bruinsma, J. (2012), « World Agriculture Towards 2030/2050: The 2012 Revision », *ESA Working Paper No. 12-03*, Organisation des Nations Unies pour l'alimentation et l'agriculture, Rome, www.fao.org/fileadmin/templates/esa/Global_persepctives/world_ag_2030_50_2012_rev.pdf.

AMIS (2015), *Market Monitor 25 – février 2015, Agricultural Market Information System*, disponible à l'adresse : www.amis-outlook.org/amis-monitoring (consulté le 29 octobre 2015).

Banque mondiale (2015a), *Pink Data. Historical price series* téléchargées en février 2015 à partir de http://go.worldbank.org/4ROCCIEQ50.

Banque mondiale (2015b), *World Development Indicators*, données téléchargées en février 2015 à partir de http://data.worldbank.org/data-catalog/world-development-indicators.

CBD (1992), *Convention sur la diversité biologique*, Nations Unies, disponible à l'adresse : www.cbd.int/convention/text/default.shtml.

Comprehensive Assessment of Water Management in Agriculture (2007), *Water for Food, Water for Life: A Comprehensive Assessment of Water Management in Agriculture*, Earthscan and International Water Management Institute, Londres et Colombo, www.fao.org/nr/water/docs/summary_synthesisbook.pdf.

Cordell, D., J.-O. Drangert et S. White (2009), « The story of phosphorus: Global food security and food for thought », *Traditional Peoples and Climate Change,* vol. 19, n° 2, pp. 292-305, Elsevier, www.sciencedirect.com/science/article/pii/S095937800800099X.

Dorin, B., S. Treyer et S. Paillard (2011), *Scenarios and Challenges for Feeding the World in 2050,* INRA, Versailles et CIRAD, Paris, résumé (de 2009), disponible à l'adresse www.paris.inra.fr/depe/Media/Fichier/Prospectives/Agrimonde/Synthese-du-rapport, ou www.cirad.fr/en/content/download/3796/35063/version/7/file/1209Agrimonde_SummaryReport.pdf.

Elsner, H. (2008), « Stand der Phosphat-Reserven Weltweit », exposé à "Braunschweiger Nährstofftage 2008", Allemagne, www.pcs-consult.de/Phosphat-Reserven.pdf.

Eswaran, H., R. Lal et P.F. Reich (2001), « Land degradation: An overview », dans Bridges, E.M. et al. (dir. pub.), *Responses to Land Degradation*, Proc. 2nd. International Conference on Land Degradation and Desertification, Khon Kaen, Thaïlande. Oxford Press, New Delhi, Inde, www.nrcs.usda.gov/wps/portal/nrcs/detail/soils/use/?cid=nrcs142p2_054028.

FAO (2014a), *L'état de l'insécurité alimentaire dans le monde 2014*, Organisation des Nations Unies pour l'alimentation et l'agriculture, Rome, disponible à l'adresse: http://www.fao.org/3/a-i4030f.pdf.

FAO (2014b), *Food Outlook October 2014*, Organisation des Nations Unies pour l'alimentation et l'agriculture, Rome, disponible à l'adresse: http://www.fao.org/Giews/french/fo/index.htm (consulté le 29 octobre 2015).

FAOSTAT (2014), Statistical Data of the Food and Agriculture Organization, site Internet : http://faostat3.fao.org/home/F (consulté le 28 novembre 2014).

Foresight (2011), *The Future of Food and Farming: Challenges and Choices for Global Sustainability*, Final Project Report, The Government Office for Science, Londres, www.gov.uk/government/publications/future-of-food-and-farming.

GIEC (2000), *Emissions Scenarios*, International Governmental Panel on Climate Change, Cambridge University Press, Royaume-Uni, www.ipcc.ch/ipccreports/sres/emission/index.php?idp=0.

GIEC (2014), *Changements climatiques 2014 : Incidences, adaptation et vulnérabilité, Contribution du Groupe de travail II au cinquième Rapport d'évaluation du Groupe d'experts intergouvernemental sur l'évolution du climat*, Cambridge University Press, Cambridge et New York, http://www.ipcc.ch/report/ar5/wg3/index_fr.shtml.

GIEC (2013), *Changements climatiques 2013 : Les éléments scientifiques. Contribution du Groupe de travail I au cinquième Rapport d'évaluation du Groupe d'experts intergouvernemental sur l'évolution du climat,* Cambridge et New York, http://www.ipcc.ch/report/ar5/wg1/index_fr.shtml.

GLASOD (1990), Global Assessment of Human-induced Soil Degradation (GLASOD), site Internet, www.isric.org/projects/global-assessment-human-induced-soil-degradation-glasod (consulté le 29 octobre 2015).

Grantham, J. (2011), « Time to wake up: Days of abundant resources and falling prices are over forever », *GMO Quarterly Letter,* avril 2011, CFA Institute, www.cfainstitute.org (consulté le 29 octobre 2015).

Kali et Salz (sans date), « Global potash deposits », www.k-plus-s.com/en/wissen/rohstoffe/index.html (consulté le 29 octobre 2015).

Kim, D.-H., J.O. Sexton et J.R. Townshend (2015), « Accelerated deforestation in the humid tropics from the 1990s to the 2000s », rapport accepté en vue de sa publication dans *Geophysical Research Letters*, vol. 42, n° 9, http://onlinelibrary.wiley.com/doi/10.1002/2014GL062777/abstract.

Mineweb (2013), « The huge potential of Congo potash », www.mineweb.com/archive/the-huge-potential-of-congo-potash.

Nations Unies (2005), *Évaluation des écosystèmes pour le millénaire,* http://www.millenniumassessment.org/fr/index.html http://www.millenniumassessment.org/en/About.html - 1(consulté le 29 octobre 2015).

Nelson, G.C. et al. (2010), *Food Security, Farming, and Climate Change to 2050: Scenarios, Results, Policy Options*, International Food Policy Research Institute, Washington, D.C. www.ifpri.org/publication/food-security-farming-and-climate-change-2050.

OCDE/FAO (2014a), *Perspectives agricoles de l'OCDE et de la FAO 2014*, Éditions OCDE, Paris. DOI : http://dx.doi.org/10.1787/agr_outlook-2014-fr

OCDE (2014b), *Perspectives économiques de l'OCDE,* Éditions OCDE, Paris. DOI : http://dx.doi.org/10.1787/eco_outlook-v2014-2-fr.

OCDE (2013a), « Surpoids et obésité », dans OCDE, *Panorama des statistiques de l'OCDE 2013 : Économie, environnement et société*, Éditions OCDE, Paris. DOI: http://dx.doi.org/10.1787/factbook-2013-100-fr.

OCDE (2012), *Perspectives de l'environnement de l'OCDE à l'horizon 2050 : Les conséquences de l'inaction*, Éditions OCDE, Paris. DOI : http://dx.doi.org/10.1787/env_outlook-2012-fr.

OMS (2015), *Base de données de l'Observatoire mondial de la santé,* http://apps.who.int/gho/data/?theme=main (consulté le 29 octobre 2015).

PNUE (2012), *GEO 5 Global Environment Outlook: Environment for the Future We Want*, Programme des Nations Unies pour l'environnement, La Vallette, Malte, www.unep.org/geo/pdfs/geo5/GEO5_report_full_en.pdf.

PNUE (2009), *International Assessment of Agricultural Knowledge, Science and Technology for Development*, Programme des Nations Unies pour l'environnement, www.unep.org/dewa/Assessments/Ecosystems/IAASTD/tabid/105853/Default.aspx (consulté le 29 octobre 2015).

Robinson, S. et al. (2014), « Comparing supply-side specifications in models of global agriculture and the food system », *Agricultural Economics*, vol. 45, n° 1, pp. 21-35, http://onlinelibrary.wiley.com/doi/10.1111/agec.12087/abstract.

Slingenberg, A. et al. (2009), *Study on Understanding the Causes of Biodiversity Loss and the Policy Assessment Framework: Final Report*, Commission européenne, Direction générale de l'environnement, Bruxelles, http://ec.europa.eu/environment/enveco/biodiversity/pdf/causes_biodiv_loss.pdf.

Van Dijk, M. et G.W. Meijerink (2014), « A review of global food security scenario and assessment studies: results, gaps and research priorities », *Global Food Security*, vol. 2014, n° 3, pp. 227-238, www.sciencedirect.com/science/article/pii/S2211912414000388.

Von Lampe, M. et al. (2014), « Why do global long-term scenarios for agriculture differ? An overview of the AgMIP Global Economic Model Intercomparison », *Agricultural Economics*, vol. 45, n° 1, pp. 3-20, http://onlinelibrary.wiley.com/doi/10.1111/agec.12086/abstract.

Annexe 1.A1

Mécanismes et facteurs intervenant dans les trois scénarios possibles

Croissance fragmentée reposant sur les énergies fossiles

Dans le monde décrit par le scénario Croissance fragmentée reposant sur les énergies fossiles, un monde qui privilégie l'indépendance et la croissance nationale et régionale, l'attention ne porte guère sur les questions environnementales ou sociales au-delà des mesures qu'il importe de prendre à court terme pour faire face à de nouveaux problèmes.

Canevas du scénario

En raison des négociations infructueuses sur un accord commercial mondial et de l'échec des pourparlers sur le climat, les gouvernements reportent de plus en plus leur attention sur les intérêts nationaux et sur ceux de leurs voisins immédiats. On se fie de moins en moins à la gouvernance mondiale. Les accords régionaux et autres formes de coopération régionale se fondent plutôt sur des intérêts nationaux particuliers, comme par exemple, pour les pays riches en ressources, le développement de marchés du côté de leurs grands voisins à forte population. Ces accords régionaux ont une portée qui est généralement assez vaste pour garantir des marchés suffisamment importants, bien que le degré de coopération reste relativement limité et soit dicté par l'obtention de gains immédiats plutôt que par la volonté de construire un climat de confiance à long terme et d'assurer la cohérence des cadres réglementaires. Les chaînes de valeur mondiales sont de plus en plus complétées, et dans une certaine mesure, remplacées par des chaînes de valeur régionales, qui bénéficient de la conclusion d'accords commerciaux régionaux.

Les avancées réalisées dans les technologies et les méthodes portent sur l'extraction rentable des sources d'énergie fossiles là où elles sont disponibles. Ainsi, par exemple, l'exploitation du gaz de schiste et du pétrole de schiste, qui se développe en Amérique du Nord, s'étend à la Fédération de Russie, à la Chine, à l'Amérique du Sud et à l'Europe.[1] L'exploitation commerciale du méthane à partir des grandes réserves d'hydrates de méthane commence dans le Nord de la Russie et dans la partie nord de la mer de Chine. Les autres sources d'énergie importantes sont notamment la conversion du charbon et le pétrole off-shore. La bioénergie est considérée comme une solution pour les régions qui ne disposent guère de ressources énergétiques, mais qui ont des superficies relativement étendues.

Certaines régions, comme le Moyen-Orient et une partie de l'Afrique, restent vulnérables à l'instabilité politique. Le développement de l'économie et de la société y est par conséquent plus lent que dans le reste du monde parce que les investissements sont plus limités, l'intégration commerciale moins poussée, les infrastructures moins développées, etc. Dans d'autres parties du monde, et en particulier dans les régions industrialisées, l'évolution des technologies, l'exploitation intense des sources d'énergie fossiles et la croissance modérée des échanges à l'intérieur des blocs régionaux sont autant de facteurs contribuant à une croissance significative du revenu. Les inégalités entre les pays et

1. Selon les estimations de l'US Energy Information Administration, les ressources en huile et en gaz de schiste techniquement récupérables à l'échelle mondiale représentent plus de quatre fois les quantités estimées pour la seule Amérique du Nord (www.eia.gov/analysis/studies/worldshalegas).

à l'intérieur de ces derniers augmentent toutefois par suite du manque de coopération internationale, de la poursuite de l'instabilité politique dans certaines régions et de l'importance accordée aux énergies fossiles. La croissance reste, dans de nombreux pays en développement, bien inférieure à ce que leurs possibilités suggèrent et en dessous de la moyenne des pays membres de l'OCDE.

Dans une majorité des pays, les organisations de la société civile n'ont toujours qu'une influence relativement limitée. Les administrations centrales restent, en fait, le principal pouvoir chargé de défendre les intérêts des populations nationales.

Premiers signes

« Les hydrates de méthane pourraient être la source d'énergie de l'avenir » (*Financial Times*, 17 janvier 2014).

« La conférence qui était censée permettre de remplacer Kyoto – Copenhague en 2009 – a été un échec total. Il n'existe à présent aucune raison de penser que la prochaine grande conférence internationale sur laquelle reposent maintenant tous les espoirs – Paris en 2015 – aboutira » (*The Guardian*, 22 juillet 2013).

Conséquences pour les principaux déterminants

La croissance démographique reste soutenue aussi bien dans les pays développés que dans les pays en développement. La planète compte près de 10 milliards d'habitants à l'horizon 2050, et cette croissance ne se ralentit pas beaucoup. Elle se poursuit sans pratiquement aucun contrôle dans de nombreux pays en développement : si, entre 2010 et 2050, les populations des pays membres de l'OCDE et des BRIICS (Brésil, Fédération de Russie, Inde, Indonésie, Chine et Afrique du Sud) augmentent de 25 % et de 18 % respectivement, la population du reste du monde s'accroît de 84 % au cours de la même période. Cette expansion s'accompagne d'un phénomène d'urbanisation, de façon très évidente en Afrique et dans les pays en développement d'Asie. Les centres urbains continuent d'être les principaux consommateurs d'aliments, mais ne contribuent toujours guère à la production de ces derniers.

Le revenu par habitant augmente dans toutes les régions, mais les disparités existantes s'intensifient aussi bien entre les pays et les régions qu'à l'intérieur de ces derniers. Le PIB mondial par habitant fait plus que doubler entre 2010 et 2050, ce qui correspond à un accroissement par habitant de 2 % par an, ou encore à une croissance totale de 2.9 % par an. Les pays en développement hors BRIICS affichent un taux de croissance par habitant à peine plus élevé que les pays membres de l'OCDE, et un certain nombre d'entre eux enregistrent en fait une croissance bien plus lente. La répartition des revenus à l'intérieur des pays devient plus inégale dans toutes les régions, et plus particulièrement dans les économies actuellement émergentes que sont la Chine, l'Inde et l'Indonésie.

Les marchés de l'énergie restent relativement fragmentés entre les sources d'énergies fossiles et, en ce qui concerne le gaz, entre les régions. Les prix du pétrole brut doublent approximativement en termes réels entre 2010 et 2050, de même que les prix du gaz naturel dans la plupart des régions. En revanche, les prix du charbon n'augmentent que de 22 % par suite de l'abondance des quantités extraites et de la portée limitée des réglementations environnementales ; le charbon alimente une large part de la consommation d'énergie en Chine et dans d'autres pays d'Asie.

La productivité agricole augmente fortement grâce à d'importants investissements d'origine publique et privée dans la R-D. Cette évolution, conjuguée au recours intensif à des intrants agricoles, contrebalance certains des effets négatifs de la rareté grandissante des ressources naturelles, et notamment de l'eau. Les rendements moyens des cultures continuent donc d'augmenter rapidement.

En raison du peu d'intérêt des sociétés pour le développement durable, les modes de consommation alimentaire se caractérisent par un apport élevé de produits animaux et autres produits de haute valeur lorsque les consommateurs en ont les moyens. Même dans les pays riches, l'importance accordée aux caractéristiques environnementales, sociétales ou à la qualité est limitée de sorte que ces dernières ne sont guère pertinentes pour l'offre d'aliments.

En raison de l'intérêt accordé de façon prédominante à l'utilisation de l'énergie fossile et de l'absence de conscience environnementale dans les choix des consommateurs, les émissions de GES continuent à connaître une croissance significative, qui n'est atténuée que par la croissance modérée d'un certain nombre d'économies. Ce n'est pas sans conséquences négatives sur le climat.

Croissance durable portée par l'engagement citoyen

Dans un monde défini par l'intérêt porté par les sociétés civiles à la santé de l'environnement et au bien-être des populations, les différents pays mènent une action de portée régionale pour verdir leur économie, mais peu de progrès sont réalisés dans la recherche de solutions à l'échelle mondiale.

Canevas du scénario

Par suite des préoccupations grandissantes que suscitent l'état des ressources naturelles et les dommages environnementaux et de la méfiance que leur inspirent de plus en plus les institutions internationales, un nombre croissant de membres de la population participent à des initiatives locales en quête d'options différentes. Au début, ce mouvement se développe surtout en Europe occidentale, mais il ne tarde pas à gagner d'autres pays industrialisés, puis des pays émergents, et enfin, des pays en développement. Différentes approches de bas en haut sont conçues, qui sont toutes pilotées par des consommateurs et des citoyens privilégiant un développement et des structures de consommation durables. Les organisations de la société civile intègrent aussi, de plus en plus souvent, des considérations sociales dans leurs domaines d'intérêt et leurs activités. L'empreinte environnementale et sociale des aliments et autres produits est considérée comme un facteur important dans un certain nombre de décisions de tous les jours, et pas seulement dans les décisions qui concernent la consommation alimentaire. Les citoyens s'intéressent au développement durable des systèmes de transport, à la planification des agglomérations et à de nombreux autres domaines.

La coopération mondiale est, en revanche, un bien moindre sujet de préoccupation et il devient de plus en plus difficile de financer les institutions et les organisations internationales. Différents pays conçoivent des stratégies différentes pour verdir leur économie. Des pays voisins dotés de conditions similaires adoptent les stratégies du pays qui assume le rôle de leader. La coopération se limite donc essentiellement aux échanges et à l'harmonisation des systèmes au sein des régions. Les gouvernements nationaux font l'objet d'un suivi attentif de la part des organisations de la société civile qui les influencent fortement, si bien qu'ils mènent leur action de manière généralement moins indépendante qu'en 2015.

La majeure partie des efforts de recherche et de développement visent à économiser les ressources et à protéger l'environnement. Bien que les méthodes et les technologies se généralisent relativement facilement à l'intérieur de chaque région, leur transfert d'une région à une autre fait défaut.

Au sein des pays et des régions, le renforcement de la participation de la société permet d'améliorer l'accès de tous à des ressources comme la nourriture, la santé, l'éducation et les technologies. Une meilleure éducation se traduit par une fécondité moins élevée et par un meilleur niveau général de santé, ce qui permet une amélioration de la productivité dans divers secteurs, y compris l'agriculture.

Étant donné que la coopération a un caractère plus régional et que les consommateurs souhaitent dans la mesure du possible, obtenir des aliments produits à l'échelon local ou régional, les chaînes de valeur se transforment au détriment des chaînes mondiales et au profit des chaînes régionales. Lorsque les coalitions régionales sont suffisamment vastes, cette évolution ne réduit pas l'efficacité de ces chaînes, mais le risque de perturbations dues à l'apport de modifications aux accords régionaux augmente.

Premiers signes

« Les ventes d'aliments biologiques au Royaume-Uni défient l'évolution à la baisse du marché et augmentent de 4 % en 2014 » (The Guardian, 24 février 2015).

« La reprise des investissements dans les énergies propres dépasse les attentes en 2014. L'essor des investissements dans l'éolien offshore en Europe et dans le solaire en Chine et aux États-Unis a contribué à accroître de 16 % le montant total des énergies propres à l'échelle mondiale pour le porter à 310 milliards USD » (Bloomberg New Energy Finance, 9 janvier 2015).

Conséquences pour les principaux déterminants

La croissance démographique ralentit fortement par rapport à la tendance actuelle. La population mondiale compte toujours moins de 8.5 milliards d'habitants en 2050 et ne s'accroît que lentement vers la fin de la période. La population des BRIICS atteint son maximum aux environs de 2040, par suite de la diminution des effectifs de population en Chine depuis le début des années 2020. La population totale des pays membres de l'OCDE augmente d'environ un cinquième. Même dans les pays en développement, la croissance démographique se ralentit nettement – le taux d'accroissement moyen de la population dans le reste du monde tombe à un demi pour cent par an entre 2040 et 2050. En parallèle, la tendance aux mégapoles se ralentit aussi, car dans un certain nombre de pays industrialisés, l'envie des citoyens de vivre au milieu ou à proximité d'un environnement vert suscite un déplacement de population des grandes agglomérations vers des villes de taille plus limitée. Ce phénomène favorise le développement d'une agriculture urbaine, laquelle fournit aux consommateurs des produits frais locaux, notamment des légumes et des fruits.

L'amélioration du système d'éducation et les importants efforts de R-D déployés pour assurer une utilisation efficace des ressources naturelles permettent de fortement accroître la productivité dans de nombreux secteurs. Les revenus par habitant augmentent par conséquent rapidement, et les disparités existant aussi bien entre qu'à l'intérieur des pays diminuent. Étant donné, par ailleurs, que la croissance démographique est moins rapide, le PIB par habitant mondial augmente de 177 % entre 2010 et 2050, ce qui représente une croissance par habitant de 2.6 % par an. Cette dernière est plus prononcée dans les pays émergents et en développement, tandis que la progression des revenus par habitant dans les pays membres de l'OCDE reste relativement faible (1.6 % par an) au cours des 40 années considérées, ce qui contribue à rétrécir l'écart entre les revenus des pays membres de l'OCDE et les autres pays.

Les marchés de l'énergie manifestent des signes de pénurie à court et à moyen terme, car les investissements dans les sources fossiles diminuent. Ce n'est qu'à long terme que les investissements dans de nouvelles technologies – qu'il s'agisse de sources d'énergie alternatives, ou d'appareils ou de méthodes permettant d'économiser l'énergie – produisent des effets au niveau de la demande qui sont suffisants pour ralentir la hausse des prix. Les prix du pétrole brut augmentent de 120 % entre 2010 et 2050, les trois quarts de cette augmentation se produisant avant 2030. Les prix du gaz naturel évoluent de manière similaire, puisqu'ils affichent de fortes hausses jusqu'en 2030 pour suivre des trajectoires plus plates par la suite. La demande de charbon diminue tout d'abord dans les pays membres de l'OCDE, tandis que les prix restent relativement stables par suite de l'offre importante émanant d'Asie.

Étant donné l'ampleur des investissements dans la R-D, essentiellement de sources publiques, l'augmentation de la productivité agricole est très forte et tient à l'utilisation efficace des ressources naturelles. L'emploi plus limité d'intrants agricoles ralentit toutefois la progression des rendements moyens des cultures, notamment à long terme.

Sous l'effet de l'intérêt marqué du public pour des habitudes alimentaires durables et saines, les modèles de consommation alimentaire se caractérisent par un apport limité de viande rouge et autres produits animaux et par une plus large part des produits végétaux. Les aspects environnementaux et sociétaux et la qualité sont d'importantes caractéristiques de l'approvisionnement alimentaire.

Compte tenu de la moindre importance accordée à l'utilisation des énergies fossiles, de l'utilisation plus limitée des intrants dans l'agriculture et de l'importance accrue de l'empreinte carbone en tant que variable dans les choix des consommateurs, les émissions de GES atteignent un pic en 2020 et diminuent fortement ensuite, jusqu'en 2050. Les conséquences négatives pour le climat restent donc assez limitées.

Croissance rapide reposant sur la coopération internationale

Dans un monde dominé par une croissance globale rapide, les gouvernements mettent fortement l'accent sur la croissance économique et sur la coopération internationale dans les domaines économiques, sociaux et politiques. Les problèmes environnementaux reçoivent moins d'attention.

Canevas du scénario

Comme suite à l'adoption finale du « Paquet de Bali », le monde est témoin d'une revitalisation des institutions et des négociations multilatérales, notamment avec l'accord de facilitation des échanges de novembre 2014. En 2015, la 21e Session de la Conférence des Parties à la CCNUCC, à Paris, débouche sur un engagement résolu dans le sens d'une croissance économique moins gourmande en carbone, même si cela ne suffit pas à éviter l'augmentation d'autres émissions à mesure que les économies continuent à croître. En 2019, la priorité accordée à la coopération multilatérale dans les échanges internationaux conduit à un ambitieux accord sur le commerce mondial favorisé par l'OMC. Un an plus tard, les multinationales alimentaires Nestlé et Unilever, les géants de la distribution Tesco et Carrefour, la plateforme de commerce en ligne Ebay, les grands producteurs de semences DuPont et Syngenta et plusieurs entreprises spécialisées dans les technologies agronomiques signent un accord global portant sur des travaux conjoints de recherche-développement en vue de renforcer la productivité sur l'ensemble de la chaîne d'approvisionnement alimentaire.

Soutenus par une coopération internationale intense et menés par les grands moteurs de croissance que sont la Chine, l'Inde, le Brésil et certaines économies du Sud de l'Asie, l'innovation et le commerce favorisent le développement économique à l'échelle mondiale. La course aux nouvelles technologies et aux nouvelles méthodes de production d'aliments, de nourriture pour animaux et d'énergie permet de répondre aux besoins d'une population mondiale dont la croissance est importante, tout en faisant face aux menaces de pénurie des ressources. Outre l'exploitation et l'utilisation efficaces des combustibles fossiles, les technologies énergétiques alternatives, parmi lesquelles les cellules à hydrogène et à combustible, les véhicules électriques, les biocarburants et la chimie, contribuent à répondre à la demande d'énergie, et la télémétrie de même que l'internet des choses, qui est omniprésent, améliorent les processus de production, entre autres dans le secteur de l'agriculture.

Dans le contexte d'un système fortement axé sur le marché, le rythme de la croissance économique mondiale s'accélère pour dépasser 4 % vers 2030 et ne se ralentir que faiblement par la suite. La structure de la consommation alimentaire devient de plus en plus similaire dans toutes les régions, et la diversité alimentaire et culturelle diminue pour faire place à l'efficacité. Par suite de la rapidité de l'urbanisation et de l'étalement de mégapoles dans pratiquement toutes les régions du monde, l'attention portée à la biodiversité diminue fortement.

Les décisions les plus importantes sont prises ou bien par les conseils d'administration des grandes entreprises multinationales, ou bien par les maires des grandes villes, dont le pouvoir et l'influence prennent de l'importance. Au contraire, les gouvernements nationaux, qui ont dû sacrifier une partie de leur souveraineté nationale dans le cadre des accords multilatéraux, voient leur influence diminuer. Cette évolution se répercute également au niveau des organisations internationales qui ont peu de liens directs avec le secteur industriel et commercial.

La rapide croissance économique s'accompagne d'une expansion des échanges mondiaux de biens et services, et d'une forte augmentation de la production alimentaire. Les habitants de la planète ne bénéficient cependant pas tous autant de ces progrès, et les disparités sont importantes. Entre les pays comme à l'intérieur des pays, les inégalités de revenus et de richesses s'aggravent. Malgré la croissance économique systématique enregistrée par l'Afrique subsaharienne, l'accès aux ressources de base comme la nourriture, l'eau et l'éducation reste difficile pour une grande partie de la population. Les pénuries de certains produits ou matières premières par suite de l'évolution des structures de consommation, de l'échec de récoltes ou de l'ampleur limitée des réserves perturbent à maintes reprises les chaînes d'approvisionnement internationales. L'Europe, les Amériques et la région de la mer Noire continuent d'être les épicentres d'une production agricole stable, et leurs marchés constituent en quelque sorte un filet de protection pour le reste du monde.

Premiers signes

« L'Inde conclut un accord sur l'alimentation avec les États-Unis et insuffle un nouvel élan dans les négociations commerciales de Doha » (*The Guardian*, 13 novembre 2014).

« Je suis plus confiant que jamais que nous pourrons parvenir à un accord mondial sur le changement climatique » (Ed Davey, ministre de l'Énergie du Royaume Uni ; cité par le *Financial Times*, 14 décembre 2014).

Conséquences pour les principaux déterminants

La population mondiale augmente de plus d'un tiers entre 2010 et 2050 pour atteindre 9.3 milliards d'habitants et elle continue à croître de façon considérable. La population des pays membres de l'OCDE augmente de plus d'un cinquième, en partie par suite de l'intensification des migrations. La population des BRIICS s'accroît de 16 % à l'horizon 2050, tandis que la population du reste du monde augmente de deux tiers. L'intégralité de la croissance démographique se produit dans les zones urbaines, et les mégapoles s'étendent loin de leurs centres. Étant donné le caractère perfectionné des systèmes d'infrastructures, et notamment le développement des transports urbains, ces centres urbains fonctionnent relativement bien.

Grâce à l'importance de l'innovation technologique et du recours à des intrants à forte intensité de ressources, les revenus progressent rapidement. Les revenus par habitant augmentent d'en moyenne 3 % par an à l'échelle mondiale entre 2010 et 2050, et, dans certains pays en développement, rattrapent rapidement le reste du monde. Les revenus moyens des pays du groupe BRIICS, qui auparavant s'établissaient à 9 % de la moyenne de l'OCDE, atteignent 32 % en 2050. Les disparités de revenus, notamment à l'intérieur des pays, restent toutefois importantes, car le système privilégie les revenus du capital par opposition aux revenus salariaux.

Les marchés de l'énergie évoluent fortement. Grâce à l'élargissement des possibilités de conversion de combustibles solides et gazeux en combustibles liquides, et inversement, les prix des différents vecteurs d'énergie convergent dans une très large mesure, ce qui a pour effet d'accroître le prix du charbon par rapport à ceux des autres combustibles. L'intensification des flux commerciaux internationaux permet de mieux intégrer le gaz de schiste nord-américain dans les marchés énergétiques mondiaux et, par conséquent, d'en accroître le prix sur le marché américain. En même temps, l'exploitation à grande échelle de nouvelles sources d'énergie, comme le méthane, ralentit la hausse générale des prix. Les prix du pétrole brut n'augmentent de ce fait que de seulement 41 % entre 2010 et 2050, tandis que les prix du charbon et du gaz naturel nord-américain s'accroissent de 145 %.

Grâce à une coopération internationale dans la R-D qui est principalement financée par le secteur privé, l'agriculture bénéficie d'une assez forte croissance de la productivité, conjuguée à l'utilisation intensive des intrants agricoles, et les rendements agricoles continuent à augmenter progressivement, malgré les effets modérateurs d'un changement climatique accentué et d'importantes limitations des ressources naturelles, l'eau notamment.

La forte progression des revenus dans la plupart des régions du monde accroît la part de produits animaux et d'autres produits à forte valeur ajoutée dans la consommation alimentaire. Bien que les consommateurs les plus aisés acquièrent de plus en plus de produits de haute qualité, l'intérêt porté aux caractéristiques environnementales ou sociétales de l'offre de produits alimentaires est très limité.

Malgré les efforts importants consacrés à l'amélioration des rendements énergétiques, les économies en rapide expansion continuent d'accroître leurs émissions totales de GES bien au-delà des niveaux actuels. Les émissions mondiales de GES continuent, par conséquent, d'augmenter rapidement, et le changement climatique entraîne d'importantes modifications des profils des températures et des précipitations à l'échelle des régions. Il s'ensuit non seulement de mauvaises récoltes à répétition, mais aussi des risques accrus d'inondations et de tempêtes.

Chapitre 2

Vue d'ensemble des principaux défis et des principales opportunités dans l'alimentation et l'agriculture

Un grand nombre de problèmes auxquels l'agriculture sera confrontée dans l'avenir ont été recensés dans le cadre des travaux consacrés par l'OCDE aux scénarios à long terme pour l'alimentation et l'agriculture. Ce chapitre étudie plus en profondeur sept grands thèmes dans le contexte des trois scénarios à long terme : i) sécurité alimentaire et nutritionnelle, ii) viabilité économique de l'agriculture, iii) biodiversité et pénuries de ressources naturelles, iv) émissions agricoles de gaz à effet de serre et autres sources de pollution, v) régimes alimentaires et nutrition, vi) maladies animales transfrontalières, et vii) sécurité des aliments. Si les risques présentés par les trois « mondes » envisagés, celui de la croissance fragmentée, celui de la croissance durable et celui de la croissance rapide, sont les mêmes, notamment les risques qui concernent l'environnement, leur ampleur varie substantiellement d'un scénario à un autre. La performance de chacun de ces scénarios est comparée afin de faciliter l'identification des stratégies pour gérer les risques et profiter des opportunités futures, lesquelles seront étudiées au chapitre 3.

La sécurité alimentaire et nutritionnelle, la santé des écosystèmes et le changement climatique occupent une place centrale dans le débat mené actuellement pour évaluer dans quelle mesure le système agricole pourra, à l'avenir, fournir à la population humaine les produits et les services dont elle aura besoin. Un grand nombre de problèmes ont été recensés dans le cadre des travaux consacrés par l'OCDE aux scénarios à long terme pour l'alimentation et l'agriculture[1]. Sept grands thèmes, énumérés ci-après, ont été retenus en vue de faire l'objet d'une analyse plus détaillée dans le contexte de scénarios considérés ; les cinq premiers ont donné lieu, du moins dans une certaine mesure, à des quantifications au moyen des modèles économiques :

- Sécurité alimentaire et nutritionnelle
- Viabilité économique de l'agriculture
- Biodiversité et pénuries de ressources naturelles
- Émissions agricoles de gaz à effet de serre et autres sources de pollution
- Régimes alimentaires et nutrition
- Maladies animales transfrontalières
- Sécurité des aliments.

Amélioration de la sécurité alimentaire et nutritionnelle

La sécurité alimentaire et nutritionnelle couvre une large gamme de conditions qui doivent être remplies pour assurer le bien-être nutritionnel des individus, des ménages et des populations. En règle générale, la sécurité alimentaire et nutritionnelle est définie en fonction de quatre piliers ou dimensions, à savoir la disponibilité, la stabilité, l'accès et l'utilisation par le corps : « La sécurité alimentaire existe lorsque tous les êtres humains ont, à tout moment, la possibilité physique, sociale et économique de se procurer une nourriture suffisante, saine et nutritive leur permettant de satisfaire leurs besoins et préférences alimentaires pour mener une vie saine et active » (FAO, 1996, 2009). Les modèles économiques utilisés aux fins de la présente analyse offrent une perspective plus limitée de la sécurité alimentaire et nutritionnelle. Tous les modèles génèrent des données sur la production et les prix des denrées alimentaires, mais seuls les deux modèles d'équilibres partiels estiment la ration calorique disponible par personne, qui est un important indicateur de la disponibilité d'aliments au niveau national et régional. Le modèle IMPACT, quant à lui, permet d'estimer le nombre d'enfants mal nourris.

Comme mentionné précédemment, d'importants progrès ont été réalisés dans le monde vers une plus grande sécurité alimentaire depuis une vingtaine d'années. Cela est en partie lié à une disponibilité des aliments significativement plus grande aux niveaux mondial et régional, une tendance qui devrait se maintenir entre 2010 et 2050 (graphique 3). Par ailleurs, si les importantes baisses des prix réels des produits agricoles appartiennent probablement au passé, cela n'implique pas nécessairement une dégradation spectaculaire de la sécurité alimentaire mondiale dans l'avenir. En fait, certains des déterminants de l'amélioration de la sécurité alimentaire, notamment la croissance économique et la constitution de classes moyennes plus importantes dans les pays émergents et en développement en particulier, pourraient contribuer à porter les prix à un niveau supérieur à la tendance historique à long terme.

Néanmoins, ces progrès sont très variables d'un des trois scénarios à un autre. Les progrès de la disponibilité alimentaire par habitant sont les plus prononcés dans le scénario *Croissance rapide* (croissance rapide généralisée à l'échelle mondiale), dans un contexte de forte croissance des revenus, de progrès notables de la productivité agricole et de marchés ouverts. À l'échelle mondiale comme dans la plupart des régions, la tendance relative à l'évolution de la disponibilité alimentaire observée au cours de ces dernières décennies se poursuivrait dans ce scénario. Au contraire, dans le scénario *Croissance fragmentée* (reposant sur les énergies fossiles) qui privilégie résolument la souveraineté et le régionalisme, ce progrès serait nettement ralenti, comme en témoigne la croissance bien plus faible de la disponibilité alimentaire par habitant aux niveaux mondial et régional. Le scénario *Croissance durable* (portée par l'engagement citoyen) donne un résultat intermédiaire entre ceux des deux autres scénarios. La consommation de viande et autres produits animaux devient inférieure aux niveaux de consommation atteints dans les autres scénarios, surtout dans les pays les plus industrialisés et dans les économies émergentes, si bien que d'importantes ressources de production sont épargnées, avec pour conséquence une baisse des prix des produits agricoles de manière générale, par comparaison avec les autres scénarios. Cet effet compense largement le niveau moins élevé des rendements résultant de coûts de l'énergie plus élevés et de pressions sur l'utilisation des intrants. Par conséquent, dans un certain nombre de pays en développement, la disponibilité calorique totale augmente pour atteindre des niveaux similaires à ceux observés dans le scénario *Croissance rapide*, mais surtout, la composition moyenne des régimes alimentaires s'améliore dans ces pays.

L'accroissement des disponibilités alimentaires pourrait entraîner de fortes réductions de la prévalence de la faim – même si les totaux régionaux masquent une répartition inégale au sein des populations et ne font pas ressortir les effets de la volatilité et des chocs temporaires. Dans le scénario *Croissance fragmentée*, les progrès dans la lutte contre la malnutrition devraient rester relativement limités, sachant que la croissance des revenus et la capacité des marchés internationaux à compenser les déficits de production régionaux sont plus limitées que dans les deux autres scénarios. En fait, selon les simulations d'IMPACT, dans le scénario *Croissance fragmentée*, le nombre absolu d'enfants mal nourris en Afrique subsaharienne pourrait augmenter aux environs de 2030 et ne diminuer que faiblement entre 2030 et 2050. Globalement, cet indicateur progresse de 15 % dans ce scénario, de 36 % dans le scénario *Croissance rapide* et de 44 % dans le scénario *Croissance durable*[2], ce qui indique que d'importants progrès pourraient être réalisés mais que le contexte revêt une importance significative. L'un des principaux facteurs de la réduction de la malnutrition est l'augmentation des revenus intégrée dans les scénarios qui, à son tour, a un impact sur les prix agricoles par le biais de l'augmentation de la demande alimentaire. Comme le modèle IMPACT simule, pour ces deux scénarios, des prix relativement plus élevés pour les produits agricoles que les autres modèles, les progrès impliqués par les résultats des autres modèles pourraient être encore plus importants.

Les populations bénéficieront à des degrés divers de l'accroissement des disponibilités alimentaires. Dans le scénario *Croissance durable*, qui met davantage l'accent sur la recherche d'un équilibre social et sur la réduction des inégalités de revenus, les efforts déployés dans ce sens devraient permettre de réduire encore la pauvreté et la malnutrition pour un plus grand nombre de ménages. En revanche, les disparités de revenu croissantes dans le scénario *Croissance rapide* et plus particulièrement encore dans le scénario *Croissance fragmentée* devraient atténuer les effets globalement bénéfiques d'une plus grande disponibilité alimentaire.

De plus, au-delà de cette évaluation statique des disponibilités alimentaires et de l'accès à la nourriture, la sécurité alimentaire et nutritionnelle reste largement tributaire de la stabilité des systèmes agricoles et alimentaires. Il est possible de réaliser d'importants progrès pour réduire la faim chronique, en particulier dans le scénario *Croissance rapide*, en raison de la forte progression des revenus enregistrée dans les pays en développement, de la diminution des coûts des échanges internationaux et de l'augmentation des rendements et de la productivité due à la coopération internationale et à la propagation transrégionale des technologies. L'important changement climatique qui doit se produire dans les scénarios *Croissance fragmentée* et *Croissance rapide* accroît toutefois probablement les risques associés aux phénomènes météorologiques extrêmes, notamment les épisodes de sécheresse et les inondations, les tempêtes ou les précipitations excessives.

L'ouverture des échanges et l'engagement international dans l'échange d'informations pourront atténuer certaines des conséquences négatives des pénuries alimentaires temporaires au niveau régional, ce qui renforcera les avantages de la croissance économique plus rapide observée dans le scénario *Croissance rapide*. Cependant, dans le scénario *Croissance durable*, une insécurité alimentaire transitoire pourrait aggraver la malnutrition chronique, l'utilisation réduite des intrants agricoles risquant de rendre plus variable la production agricole régionale, et le degré moindre d'intégration économique dans le système d'échanges international réduisant la capacité des marchés internationaux à amortir ces chocs régionaux.

La viabilité économique de l'agriculture

La viabilité économique de l'agriculture revêt une importance primordiale pour les résultats de l'ensemble du secteur, et intéresse au plus haut point les ministères de l'Agriculture de la plupart des pays. Comme dans les entreprises en général, les résultats économiques des exploitations agricoles dépendent d'un grand nombre de facteurs, tels que (sans toutefois s'y limiter) la croissance de la productivité et l'acquisition des compétences requises au sein des ménages et des entreprises. Étant donné que la production du secteur est fortement tributaire de la terre et d'autres ressources naturelles, la disponibilité de ces facteurs a également un impact sur la situation économique de l'agriculture, au niveau de l'exploitation, à l'échelon régional et à l'échelle mondiale.

Sachant que les prix agricoles moyens resteront stables ou augmenteront au cours des prochaines décennies, l'augmentation requise de la production de l'agriculture primaire devrait déterminer les conditions dans lesquelles l'agriculture sera rentable. Les résultats des deux modèles EGC indiquent que, de manière générale, les revenus agricoles (c'est-à-dire la valeur ajoutée du travail, du capital et de la terre utilisés dans l'agriculture primaire) devraient augmenter d'un pourcentage compris entre 50 % et 150 % en termes réels (environ 1.1 % à 2.3 % par an en moyenne) entre 2010 et 2050, selon le scénario et le modèle. La croissance semble être plus prononcée dans les scénarios *Croissance durable* et *Croissance rapide* (elle fait plus que doubler en moyenne dans les deux modèles), et résulte principalement des évolutions observées en Asie, en Afrique et au Moyen-Orient, tandis que les revenus agricoles augmentent de moins de 80 % dans le scénario *Croissance fragmentée*. L'intensification des échanges internationaux et l'augmentation durable de la productivité contribuent toutes deux à améliorer les perspectives des revenus agricoles.

Dans les scénarios *Croissance rapide* et *Croissance durable*, la croissance rapide des revenus par habitant fait également augmenter les revenus agricoles, en particulier dans les pays en développement. L'agriculture en Amérique latine est particulièrement prospère, notamment dans le scénario *Croissance rapide*, puisque la population continue de consommer de grandes quantités de viande (graphique 2.2). Les régimes alimentaires moins riches en viande, en revanche, sont profitables aux exploitations agricoles d'Asie et d'Afrique où la production animale revêt une importance relativement moindre. Les revenus agricoles augmentent de 176 % en Asie dans le scénario *Croissance durable*, si l'on prend la moyenne des deux modèles. Ils augmentent aussi fortement en Océanie, mais les perspectives sont moins favorables en Amérique du Nord et, surtout, en Europe. Dans cette dernière région, les revenus agricoles varient à peine en termes réels. En Europe, les revenus agricoles subissent la pression d'un monde plus globalisé qui favorise d'autres secteurs dans cette région. Dans cette région, contrairement aux autres, les revenus agricoles moyens augmentent uniquement dans le scénario *Croissance fragmentée*, caractérisé par une forte intensité d'intrants fossiles et des marchés moins ouverts.

Graphique 2.1. Disponibilité d'aliments par habitant à l'échelle mondiale (plage supérieure gauche), en Afrique et au Moyen-Orient (plage supérieure droite), en Asie du Sud (plage inférieure gauche) et en Amérique du Sud et en Amérique centrale (plage inférieure droite), 1970-2050

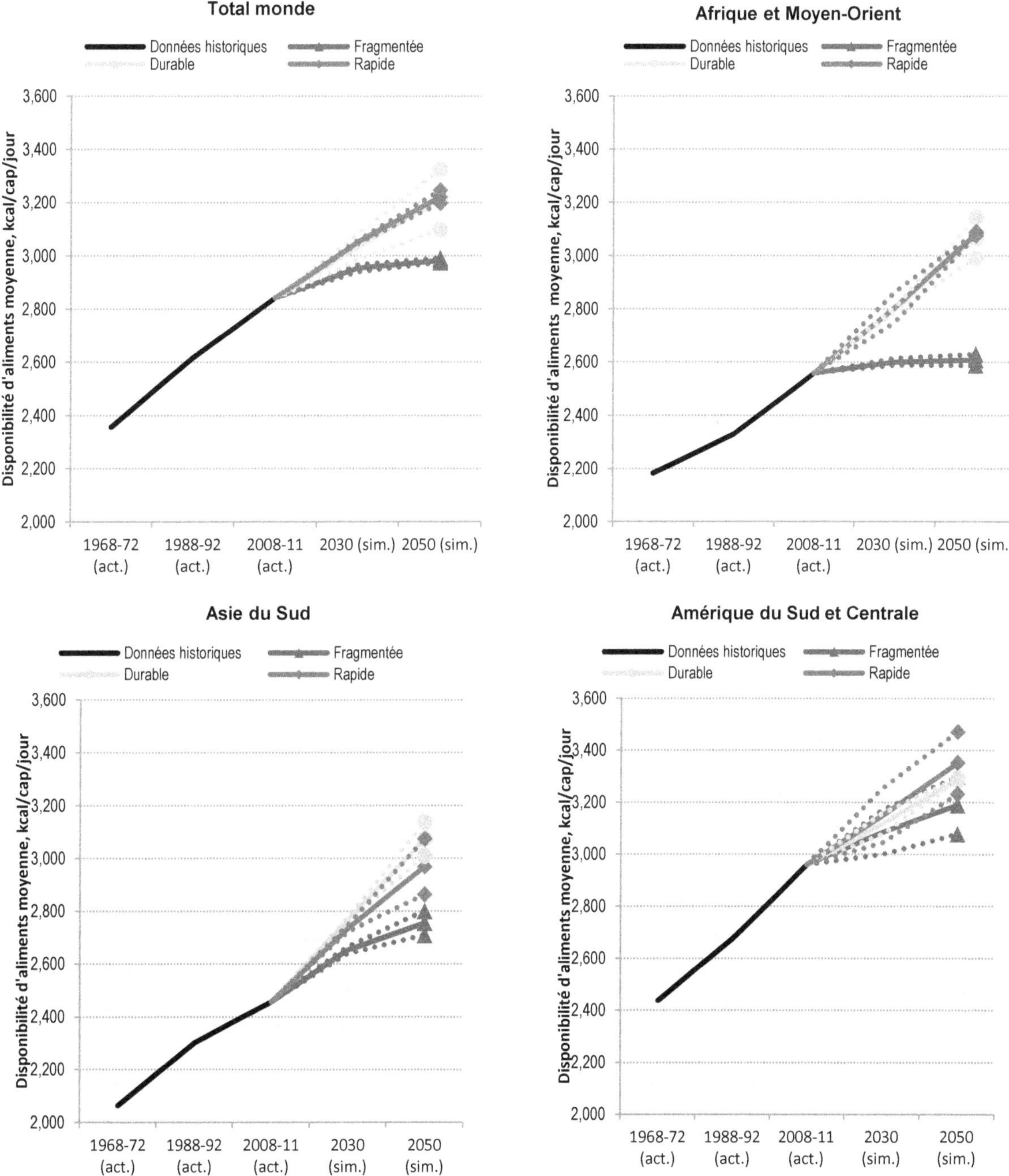

Note : les lignes continues représentent les moyennes des résultats des deux modèles d'équilibre partiel qui produisent des données sur les calories, tandis que les lignes en pointillé décrivent l'intervalle de variation des résultats des modèles (minima et maxima). Les résultats des modèles sont les variations relatives entre 2010, 2030 et 2050, et sont superposés à des observations provenant d'autres sources, de sorte que les projections des niveaux sont établies sur la base de calculs supplémentaires. D'autres résultats concernant l'Amérique du Nord, l'Europe et l'Océanie sont présentés à l'annexe C.

Source : séries chronologiques de FAOSTAT (2014) ; projections établies à partir des résultats des modèles utilisés.

Graphique 2.2 Croissance des revenus agricoles réels, 2010 à 2050

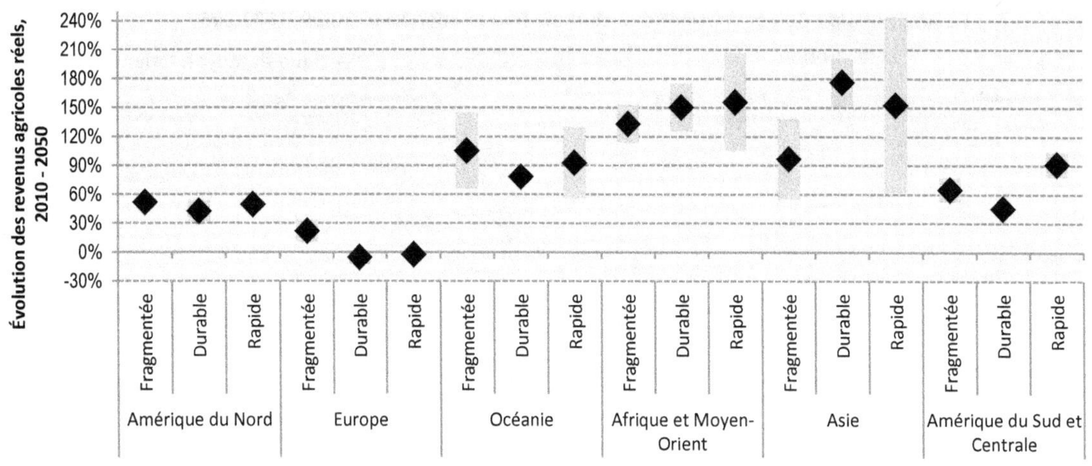

Note : les revenus agricoles sont représentés par la valeur ajoutée du travail, du capital et des terres utilisées pour l'agriculture primaire.
Source : résultats produits par les modèles ENVISAGE et MAGNET.

Ces moyennes masquent une fois encore de possibles différences de distribution. En particulier dans le scénario *Croissance rapide*, les petits producteurs et les exploitations pratiquant une agriculture de subsistance dans les pays en développement, qui n'ont guère accès aux grands marchés et aux chaînes de valeur, auront sans doute plus de mal à bénéficier de la hausse des revenus agricoles que les exploitations plus intégrées ou attachées à certains marchés de consommation. De plus, la concurrence, qui pourrait être moins intensive, entre un nombre limité de grandes entreprises multinationales pourrait empêcher les agriculteurs de profiter pleinement de ces évolutions si et lorsque le rapport de forces s'exerce sur le marché. La croissance des revenus agricoles moyens doit aussi être envisagée dans le contexte des évolutions au sein de l'économie globale : les revenus du travail et du capital en dehors du secteur agricole devraient croître globalement de 240 % et de 380 %, respectivement, sur la même période.

Les mutations structurelles au sein du secteur agricole, notamment l'évolution du nombre et de la taille des exploitations, constituent également un facteur clé de la viabilité économique de l'agriculture.[3] L'expérience récente indique que dans ce domaine, entre les pays développés et les pays en développement, l'évolution est très différente. Malgré l'absence de données cohérentes et détaillées sur l'évolution du nombre et de la superficie des exploitations dans le temps et par pays, le Programme du recensement mondial de l'agriculture de la FAO (FAO, 2010) fournit certaines indications en la matière : entre 1970 et 2000[4], la plupart des pays européens ont enregistré une diminution du nombre d'exploitations agricoles qui s'est opérée à un rythme pouvant atteindre 4 % par an en moyenne. Il en est de même pour les pays développés d'Amérique du Nord, d'Asie et d'Océanie, si ce n'est que cette tendance ne s'observe que depuis une période relativement récente en Nouvelle-Zélande. Parallèlement, la *taille* moyenne des exploitations dans ces pays a augmenté. En Afrique et en Asie, en revanche, le nombre d'exploitations agricoles a augmenté au cours des dernières décennies et leur taille moyenne a diminué. La diminution du nombre d'exploitations agricoles dans une majorité des pays développés a suscité des inquiétudes au sein des pouvoirs publics comme au sein des sociétés, concernant la protection de l'héritage familial, la préservation des paysages et le développement des zones rurales. La fragmentation des parcelles agricoles dans certaines parties du monde en développement, par contre, pourrait aggraver le dénuement des agriculteurs pauvres en ressources et faiblement productifs.

Les mutations structurelles constituent un important facteur de l'accroissement de la productivité, car elles permettent de tirer parti des effets d'échelle et de la redistribution des ressources d'opérations agricoles faiblement productives au profit d'opérations fortement productives (Kimura et Sauer, 2015). Les études en la matière énumèrent de nombreuses causes de ces mutations structurelles, notamment le progrès technologique (qui permet d'économiser la main-d'œuvre), les prix relatifs du travail et du capital, les exigences du marché concernant la sécurité sanitaire, la qualité et l'homogénéité des produits (y compris au niveau des systèmes de transformation et de distribution), les économies d'échelle, les transformations démographiques et la modification des habitudes de travail (National Research Council, 2001). S'il est probable que certains de ces éléments continueront d'évoluer plus ou moins comme auparavant (par exemple le vieillissement des populations dû à des taux de croissance démographique faibles, ou même négatifs, les progrès technologiques et les exigences en matière d'innocuité des produits), d'autres dépendront de tendances qui diffèrent nettement selon les scénarios (comme la demande de produits homogènes par opposition à de courtes chaînes d'approvisionnement privilégiant les marchés locaux et régionaux et, éventuellement, des exploitations agricoles de taille plus réduite).

Bien que les revenus agricoles doivent augmenter dans tous les scénarios, la contribution de l'agriculture primaire au PIB global diminuera nécessairement au cours des prochaines décennies, en particulier dans le scénario *Croissance rapide*. Cette évolution a pour pendant la poursuite de la contraction de la part de l'emploi total imputable au secteur qui, selon les estimations, est tombée d'environ 40 % en 1994 à un peu plus de 30 % en 2010. Les résultats de la modélisation indiquent que la part des activités agricoles dans l'économie mondiale se réduira à peu près de moitié entre 2010 et 2050 dans le scénario *Croissance durable*, soit davantage que dans le scénario *Croissance rapide*, tandis que cette réduction ne serait que d'un tiers dans le scénario *Croissance fragmentée*. Ce nouveau recul de la part de l'emploi agricole s'inscrit dans le prolongement de la tendance observée précédemment, mais à un rythme ralenti (*Croissance fragmentée*) ou accéléré (*Croissance rapide*) selon le scénario. Concernant plus particulièrement le scénario *Croissance durable*, l'ampleur de cette diminution dépendra en grande partie des choix technologiques : dans la mesure où l'utilisation réduite d'intrants variables comme les engrais chimiques et les pesticides est contrebalancée par un recours accru au facteur travail, la diminution du facteur travail dans l'agriculture pourrait être moins prononcée que ce qu'indiquent les résultats de la modélisation.

Pour une majorité des régions, l'apport total de travail dans l'agriculture primaire diminue dans les trois scénarios. Néanmoins, le rythme de cette diminution diffère entre les scénarios, la diminution étant moins prononcée dans le scénario *Croissance fragmentée* et plus importante dans le scénario *Croissance rapide*, et entre les deux modèles EGC, selon le degré supposé de substituabilité entre le facteur travail et les autres facteurs de production, en particulier le capital. Aux États-Unis, par exemple, l'emploi agricole, qui représentait environ 1.6 % de l'emploi total en 2010, enregistrerait une baisse comprise entre un quart et un tiers d'ici 2050, tandis que dans l'Union européenne, l'emploi agricole qui récemment représentait environ 5 % de l'emploi total connaîtrait une baisse comprise entre un tiers et une moitié. La situation pourrait être différente en Océanie en raison de la poursuite de la croissance démographique et, par conséquent, de l'augmentation de la main-d'œuvre totale : les simulations indiquent peu de variations dans le scénario *Croissance fragmentée* et des diminutions beaucoup plus faibles qu'aux États-Unis ou dans l'Union européenne dans les autres scénarios.

Dans les pays en développement, la contraction de l'emploi agricole est moins prononcée parce que la croissance démographique est plus soutenue et que le secteur agricole continue d'occuper une place importante au sein de l'économie. L'emploi agricole pourrait, en fait, légèrement augmenter à l'horizon 2030 en Afrique subsaharienne, et plus rapidement par la suite dans le scénario *Croissance fragmentée* pour atteindre un niveau supérieur d'environ 50 % à ce qu'il est aujourd'hui. Même si la contribution de l'agriculture à l'emploi total dans la région diminue d'au moins un tiers, ces résultats montrent que l'agriculture primaire contribue largement à la croissance économique et à la création d'emplois dans la région.

Où vont les travailleurs qui ne sont plus employés dans l'agriculture ? Dans toutes les régions, la migration de la main d'œuvre de l'agriculture primaire vers d'autres secteurs s'accompagne de déplacements de main d'œuvre de la transformation alimentaire et du secteur forestier vers d'autres secteurs (graphique 2.3).[5] Toutes les régions affichent une expansion du secteur des services, qui attire des travailleurs de toutes les parties de l'économie. Ce secteur, notamment dans les pays industrialisés d'Amérique du Nord, d'Europe et d'Océanie, doit donc absorber la majorité des travailleurs qui ne sont plus employés dans l'agriculture et dans la foresterie. Les autres secteurs manufacturiers peuvent aussi accroître leur main-d'œuvre de manière disproportionnée, du moins dans les pays en développement où l'industrie manufacturière est encore en expansion. Dans les pays développés, mais aussi au Brésil, le secteur manufacturier enregistre une baisse relative de l'utilisation de main d'œuvre, bien moins prononcée toutefois que dans les secteurs terrestres.

Ces conclusions sont relativement similaires d'un scénario à l'autre, bien que l'ampleur des phénomènes diffère. En règle générale, les flux de main-d'œuvre de l'agriculture primaire (et, en fait, des secteurs associés à l'agriculture en général) observés pour le scénario *Croissance rapide* vont de pair avec des augmentations des effectifs dans les autres industries manufacturières et dans le secteur des services. Les flux relatifs sont généralement plus faibles dans le scénario *Croissance fragmentée*. Il convient de noter que l'influx de main d'œuvre vers les industries extractives est plus limité dans le scénario *Croissance durable*, ce qui est cohérent avec l'hypothèse d'une société plus soucieuse d'adopter un comportement durable, et notamment, de réduire l'exploitation des ressources fossiles.

Il existe une relation étroite entre la baisse de la contribution de la main-d'œuvre à l'agriculture primaire et l'augmentation de la productivité de la production végétale et animale – en particulier lorsque la recherche technologique vise la productivité du travail et les économies de main-d'œuvre. Ces évolutions vont de pair avec une progression des revenus du travail qui, selon les deux modèles EGC, est rapide au cours des prochaines décennies. Comme pour l'emploi, les deux modèles font apparaître d'importantes différences selon les hypothèses retenues pour le degré de substitution entre la main-d'œuvre et d'autres facteurs et les hypothèses retenues pour la mobilité de la main-d'œuvre entre secteurs : les augmentations des salaires agricoles indiquées par le modèle ENVISAGE lorsque la main-d'œuvre est pleinement mobile sont généralement plus fortes que celles indiquées par le modèle MAGNET, qui suppose que les marchés du travail agricole et non agricole sont distincts. Selon ce dernier modèle, les salaires augmentent plus lentement dans le secteur agricole que dans les autres. Les résultats généraux sont toutefois similaires : la moyenne des rémunérations du travail considéré dans son ensemble pourrait plus que tripler entre 2010 et 2050 dans le scénario Croissance rapide et doubler dans le scénario Croissance fragmentée. Comme celle des revenus globaux, l'augmentation des revenus du travail est plus marquée en Asie et en Amérique latine que dans les pays industrialisés : en moyenne, si l'on considère les deux modèles EGC, les salaires agricoles sont multipliés par un facteur situé entre trois et cinq en Asie et entre 2.2 et 3.6 en Amérique latine. En Afrique, la croissance des salaires est ralentie par l'augmentation de la main-d'œuvre agricole, la hausse des salaires moyens se situant entre 40 % et 190 %, tandis que les salaires en Europe, en Amérique du Nord et en Océanie pourraient pratiquement doubler d'ici 2050. Dans tous les cas, les hausses de salaire sont les plus fortes dans le scénario *Croissance rapide* et les plus faibles dans le scénario *Croissance fragmentée*.

Les moyennes calculées par région et par année masquent des différences importantes entre les différentes exploitations agricoles qui devront s'adapter à un environnement changeant et volatil. Elles sont en effet confrontées non seulement à des facteurs naturels, tels que les risques associés au changement climatique ou la nécessité de prendre des mesures adéquates de lutte contre les ravageurs et les maladies par suite de l'augmentation des échanges et de la production animale, mais aussi au renforcement des exigences concernant la sécurité sanitaire et la qualité des produits et, peut-être même leur mode de transformation. La situation évolue différemment à ces deux égards dans les trois scénarios, et aura vraisemblablement un impact différent sur différents agriculteurs, selon les caractéristiques de la région dans laquelle ils vivent et leur degré d'intégration dans des chaînes d'approvisionnement particulières.

Graphique 2.3. Migration de la main-d'œuvre entre secteurs, échantillon de pays en développement (plage supérieure) et de pays développés (plage inférieure), 2050

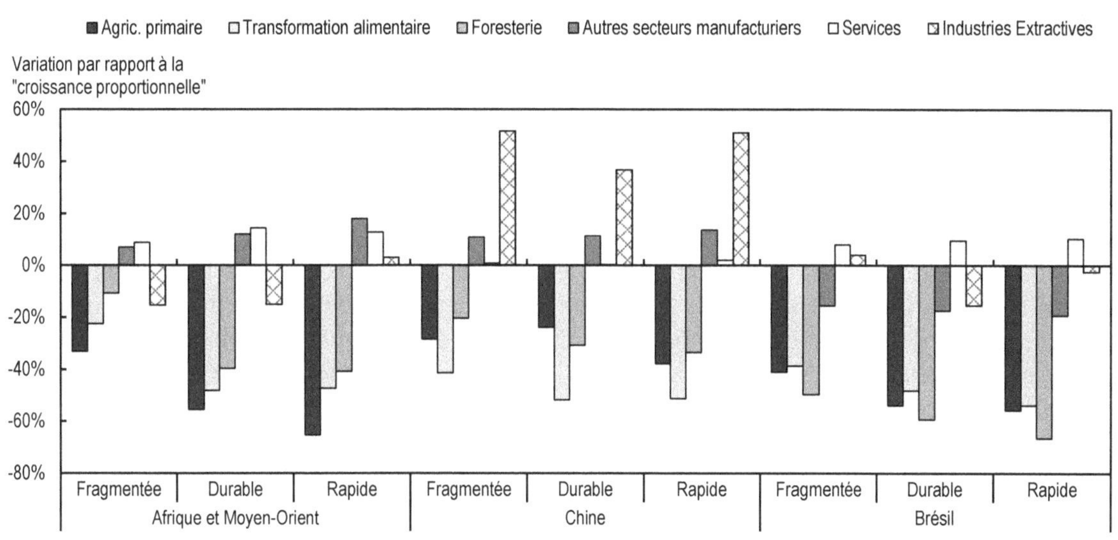

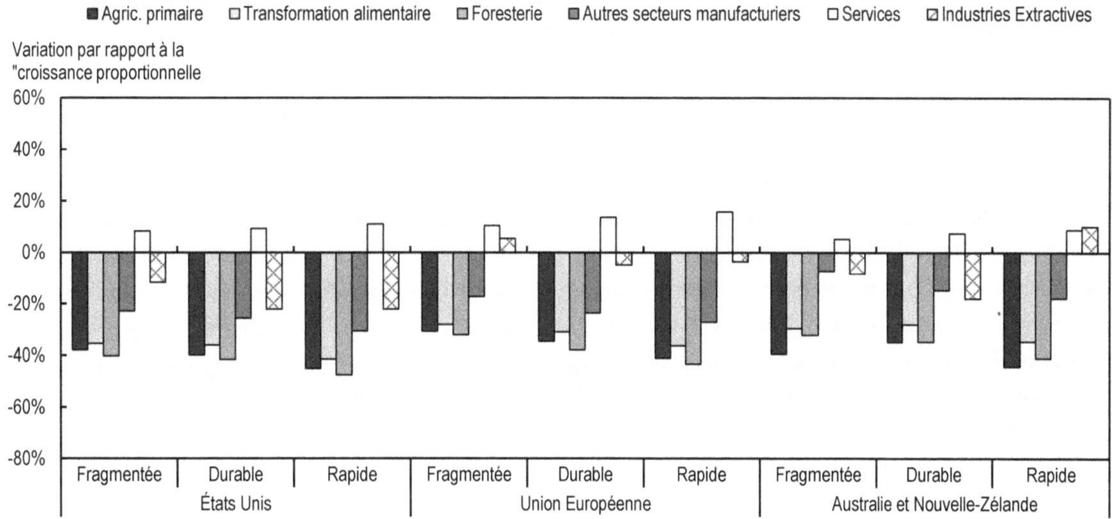

Note : le graphique indique l'évolution de l'emploi indiquée par les simulations pour 2050 par rapport à une situation hypothétique dans laquelle l'emploi dans tous les secteurs augmente dans la même proportion que l'emploi total sur les marchés du travail régionaux. Il est donc possible de faire abstraction de l'évolution globale du marché du travail, qui est directement liée à la croissance démographique, pour n'indiquer que les effets de la migration des travailleurs.

Source : établi à partir des résultats de MAGNET.

Biodiversité et raréfaction des ressources naturelles

Les pénuries et la baisse de qualité de ressources naturelles comme l'eau, les sols et la biodiversité ont suscité un intérêt accru pour les avancées dans le domaine de l'alimentation et de l'agriculture, compte tenu de la dépendance des systèmes de production agricole vis-à-vis de ces ressources et des impacts qu'une croissance de la production agricole pourrait avoir sur les écosystèmes. L'expansion des terres agricoles et l'intensification de leur exploitation comptent parmi les principaux facteurs de la perte de biodiversité terrestre au cours des années passées. Par suite de l'accroissement de la demande de produits agricoles, l'utilisation des terres pour les cultures, et l'agriculture en général, ne pourra qu'augmenter et des pressions pourraient continuer de s'exercer sur les habitats naturels.

Les résultats des modèles indiquent en effet que sous l'influence d'une demande croissante, l'expansion de l'utilisation des terres pour l'agriculture pourrait s'accélérer par rapport aux décennies écoulées (graphique 2.4), à moins que la productivité n'augmente davantage que ce qui est prévu dans ces scénarios. C'est le cas plus particulièrement dans les régions d'Afrique où d'importantes réserves de terrains sont identifiées mais où la croissance de l'utilisation du territoire à des fins agricoles est restée comparativement lente depuis 1970. Il en résulte une réduction plus forte encore du couvert forestier : entre 2010 et 2050, 15 % des forêts pourraient être perdues en Afrique subsaharienne et 4 % dans le monde, sauf si d'importants efforts sont entrepris pour protéger les zones sensibles, comme l'indiquent les scénarios *Croissance fragmentée* et *Croissance rapide*. Dans le scénario *Croissance durable*, en revanche, les consommateurs sont plus conscients de l'empreinte environnementale de leur panier alimentaire. Il en résulte une moindre demande de viande et d'autres produits animaux, ce qui permet d'épargner d'importantes quantités de ressources et de faire cesser, dans une large mesure, la déforestation : dans ce scénario, les forêts de l'Afrique subsaharienne ne diminuent que de 12 % d'ici 2050, tandis que le couvert forestier de la planète, après une diminution à moyen terme, peut se rétablir à 99 % de la surface forestière actuelle, non sans des changements dans sa distribution par région. Dans tous les scénarios, le couvert forestier s'accroît dans un certain nombre de régions développées, en particulier l'Europe et l'Amérique du Nord.

L'expansion des superficies agricoles cultivées s'accompagne d'une augmentation des besoins associés aux terres mises en culture qui sont généralement utilisées de manière plus intensive que les prairies. Les superficies cultivées à l'échelle mondiale pourraient s'accroître de jusqu'à 18 % ; les modèles prévoient une augmentation d'un tiers à deux tiers de ces superficies en Afrique subsaharienne durant la période 2010-2050, selon les scénarios et les modèles considérés (voir le graphique B.12 à l'annexe B). Dans certaines régions, le scénario *Croissance durable* se caractérise par une expansion particulièrement rapide des terres cultivées : la demande globale de viande de ruminants, comme le bœuf, qui sont dans plusieurs régions élevés en pâturage, baisse. La demande de denrées alimentaires de base à forte intensité d'énergie ayant une valeur nutritive relativement limitée diminue également. De fait, la consommation évolue au profit d'aliments végétaux qui exigent des superficies cultivables supplémentaires. L'expansion des surfaces cultivées en Afrique dans le scénario *Croissance durable* est donc plus importante que dans le scénario *Croissance rapide*, aux dépens des pâturages.

Graphique 2.4. Superficies agricoles et forestières, 1970-2050 : total mondial et par région

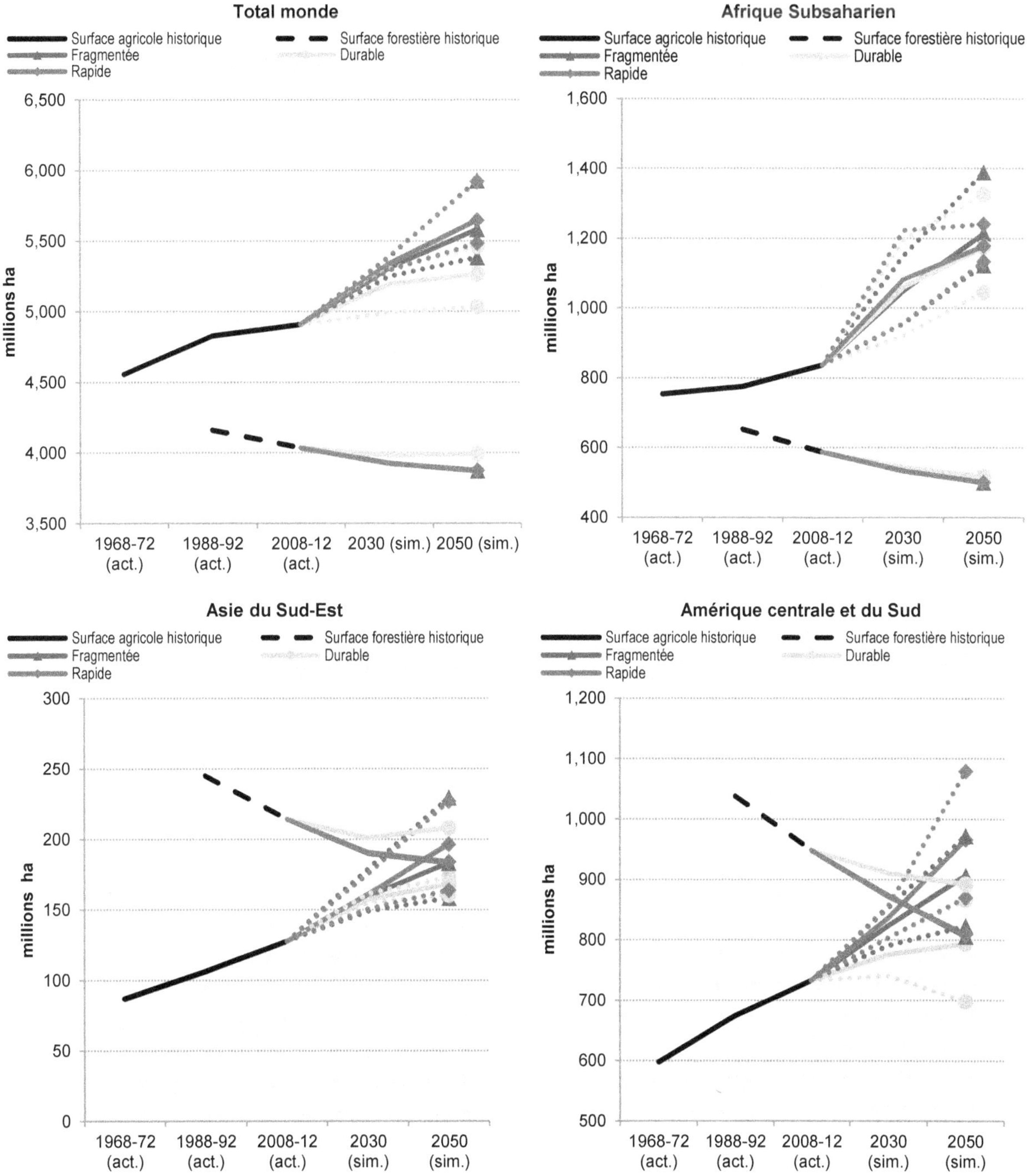

Note : plage supérieure gauche : total mondial ; plage supérieure droite : Afrique subsaharienne ; plage inférieure gauche : Asie du Sud-Est ; plage inférieure droite : Amérique du Sud et Amérique centrale. Les résultats des modèles sont les variations relatives entre 2010, 2030 et 2050, et sont superposés à des observations provenant d'autres sources, de sorte que les projections des niveaux sont établies sur la base de calculs supplémentaires. Les lignes continues représentent les moyennes des résultats des trois modèles fournissant des données sur l'utilisation des terres agricoles, tandis que les lignes en pointillé décrivent l'intervalle de variation des résultats des modèles (minima et maxima). Les projections des zones forestières ont été établies uniquement partir du modèle GLOBIOM.

* Les données sur les forêts ne couvrent que la période 1990-92.

Source : séries chronologiques de FAOSTAT (2014) ; projections établies à partir des résultats des modèles utilisés.

Les habitats naturels (y compris, mais non exclusivement les forêts vierges) sont assujettis à des pressions systématiques, tandis que l'intensification de systèmes de production agricole continue probablement de menacer la biodiversité de diverses manières. La part des prélèvements d'eau douce – qui ont un impact sur la biodiversité en épuisant la nappe aquifère, en accroissant la salinité et en amoindrissant la quantité et la qualité des eaux de surface en aval – imputable aux systèmes de production agricole joue un rôle notable. L'emploi d'insecticides est réputé être à l'origine de la diminution des populations d'insectes, mais aussi des oiseaux sauvages et d'autres animaux (FAO, 2013), tandis que les écosystèmes notamment aquatiques et les pêcheries sont perturbés par l'emploi d'importantes quantités d'engrais synthétiques et de fumier et par les cultures de légumineuses (Canfield et al., 2010).

Selon les estimations de l'OCDE, l'abondance moyenne des espèces pourrait encore diminuer de 10 % au total entre 2010 et 2050, les pertes de biodiversité les plus fortes étant enregistrées dans les zones arbustives, les savanes, les forêts tempérées et les forêts tropicales. Le changement climatique est responsable d'une part grandissante des futures pertes de biodiversité : près de 40 % des pertes d'abondance moyenne des espèces à l'échelle mondiale sont, selon les estimations, directement imputables à ce phénomène (OCDE, 2012). Le rapport note également que la perte de biodiversité peut avoir de graves répercussions sur les systèmes économiques, le bien-être et la sécurité des populations humaines. Bien que les pays membres de l'OCDE subissent aussi directement les effets de certains dommages associés à la pêche ou à la pollinisation, l'essentiel des coûts correspondants devra être assumé par les pays en développement, car leur richesse globale dépend dans une bien plus grande mesure du capital naturel (Banque mondiale, 2006). Ces facteurs ont des effets négatifs sur le tourisme écologique, le changement climatique (par suite de la contribution de la biodiversité à l'atténuation ainsi qu'à l'adaptation au changement climatique), sur l'eau (notamment la purification de l'eau, la régulation des débits, etc.) et sur la santé et le bien-être des populations humaines (OCDE, 2012).

Les pénuries d'eau constituent une menace considérable pour l'agriculture, pour les autres secteurs et pour les ménages. À l'horizon 2050, environ 3.9 milliards de personnes pourraient vivre dans des zones caractérisées par un grave stress hydrique, ce qui représente une nette aggravation par rapport à 1.6 milliard en 2000 (OCDE, 2012). L'Asie du Sud, le Moyen-Orient et de vastes régions de la République populaire de Chine (ci-après la Chine) sont les zones les plus affectées, tandis que la situation pourrait s'améliorer quelque peu dans plusieurs pays de l'OCDE. Ces évolutions dépendront de plusieurs facteurs, notamment le changement climatique et les changements associés en termes de précipitations et de températures, les technologies permettant d'économiser l'eau dans l'agriculture et dans d'autres secteurs, et la croissance économique.

Il est possible de déduire de l'évolution et l'intensification des utilisations des terres dans les trois scénarios que les menaces posées à la biodiversité changeront dans une certaine mesure. Les scénarios *Croissance fragmentée* et *Croissance rapide* révèlent une continuation ou même une accélération de la conversion des terres et une utilisation intense des intrants, ce qui accroît les pressions sur les habitats et les écosystèmes. Si les modèles ne permettent pas de quantifier de manière précise les dommages causés, il semble cependant plausible, dans les deux scénarios, que les évolutions préjudiciables déjà observées iront en s'amplifiant. Le scénario *Croissance durable* se caractérise, en revanche, par des pressions nettement moindres sur les ressources naturelles, notamment en ce qui concerne l'utilisation des terres et le rejet de substances nuisibles telles que les engrais et les pesticides. En conséquence, les habitats naturels et les écosystèmes ont plus de chances d'être épargnés dans ce scénario. En général, une tendance à l'expansion des superficies agricoles ne s'inverse pas mais se ralentit simplement, mais une exception notable est le Brésil où la demande décroissante de viande de ruminants peut effectivement se traduire par une réduction de la superficie totale utilisée pour l'agriculture et par une stabilisation des zones sensibles sur le long terme.

Émissions agricoles de gaz à effet de serre et autres sources de pollution

Si la biomasse, du fait de son expansion, est un important puits pour les émissions de GES, la production agricole est aussi à l'origine d'une proportion importante des émissions de GES à l'échelle mondiale. En 2010, environ 65 % des émissions agricoles provenaient de la production animale, et pour environ moitié de la production de viande de ruminants. Les émissions de la production de riz (méthane des rizières et hémioxyde d'azote des engrais minéraux) représentaient environ un cinquième des émissions totales agricoles (base de données GLOBIOM, IIASA).

D'après les résultats de la modélisation, les émissions mondiales provenant de l'agriculture peuvent s'accroître de façon significative dans tous les scénarios entre 2010 et 2050 (graphique 2.5). Les émissions globales augmentent de 52 % dans le scénario *Croissance fragmentée*, et de 55 % dans le scénario *Croissance rapide* qui suppose une croissance plus soutenue. Cette augmentation des émissions agricoles résulte de la forte croissance de la production globale. Néanmoins, l'intensité des émissions diminue dans plusieurs secteurs de l'agriculture, notamment la production de viande de ruminants. Ces améliorations sont tributaires de différents progrès technologiques, notamment en ce qui concerne l'alimentation et les espèces d'animaux d'élevage.

Le scénario *Croissance durable*, qui fait intervenir un mode de vie plus durable, donne lieu à des émissions agricoles beaucoup plus faibles, même si ces dernières continuent d'augmenter. Ces réductions sont associées à des volumes de production moins importants – par suite d'une plus lente croissance démographique – ainsi qu'à la modification de la structure de la consommation alimentaire (et, par conséquent, de la structure de la production agricole). Fondamentalement, cette évolution se traduit par des régimes alimentaires plus sains et plus durables, en particulier dans le monde développé, qui se manifestent par une baisse de la consommation (et donc de la production) de viande de ruminants et d'autres produits animaux[6]. Les émissions totales générées par la production de viande de ruminants pourraient, de ce fait, diminuer d'environ 6 % entre 2010 et 2050 dans ce scénario (graphique 2.5).

Graphique 2.5. Émissions de gaz à effet de serre agricoles à l'échelle mondiale, 2010 à 2050

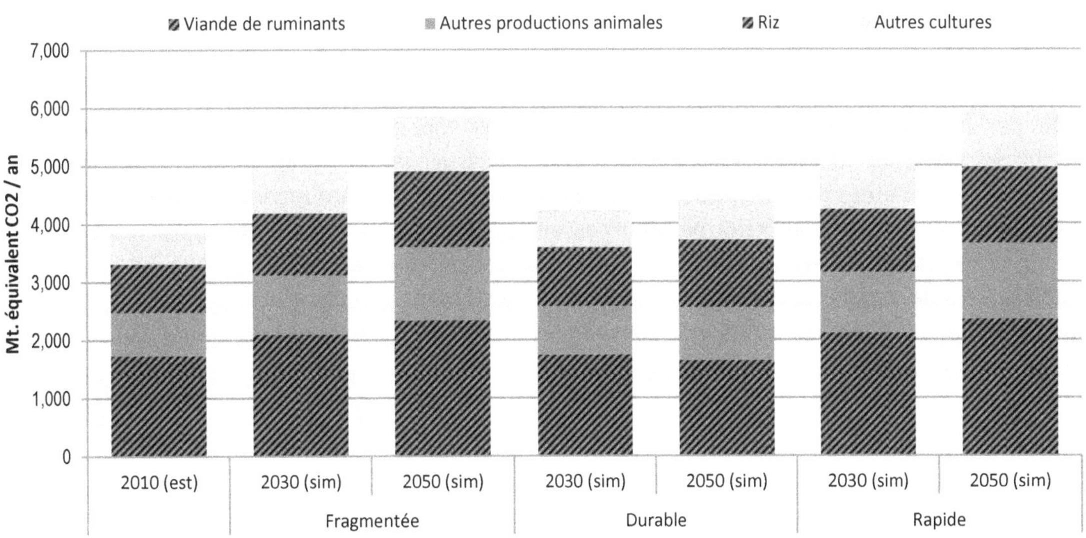

Source : les résultats relatifs aux émissions ont été générés par le modèle GLOBIOM.

Ces résultats ne concernent cependant que les émissions agricoles directes. Les émissions imputables au changement d'utilisation des terres devront s'ajouter au total. Comme on l'a vu plus haut, la superficie de terres affectées à la production agricole s'étend, en particulier dans les scénarios *Croissance rapide* et *Croissance fragmentée*, et peut concerner des zones riches en carbone. Dans le scénario *Croissance durable* moins de terres sont converties à des usages agricoles, mais dans certaines parties d'Afrique et d'Asie du Sud-Est, les émissions liées au changement d'utilisation des terres pourraient être importantes.

Étant donné que les émissions de gaz se diffusent dans l'atmosphère de la planète, la source exacte des émissions agricoles n'a guère d'influence sur leurs répercussions à l'échelle mondiale. Ces émissions diffèrent cependant à l'échelon régional, selon les processus agricoles qui prédominent. Les différences qui existent entre les émissions selon les scénarios considérés sont donc fonction d'importantes caractéristiques régionales. À l'échelle mondiale, dans tous les scénarios, les émissions provenant de la production animale augmentent légèrement moins rapidement que celles provenant de la production végétale, mais comme elle est à l'origine de la plus grande partie de ces émissions, la production animale contribue à l'essentiel de l'augmentation des émissions agricoles (graphique 2.6). Cette assertion vaut pour presque toutes les régions. Les émissions de la production agricole – entraînées par les systèmes de production animale – augmentent fortement dans les pays en développement, notamment dans le scénario *Croissance fragmentée* et dans le scénario *Croissance rapide*. Le scénario *Croissance durable* se caractérise, par contre, par des régimes alimentaires plus équilibrés et, par conséquent, par une moindre consommation de viande par les consommateurs plus aisés. Dans ce scénario, les émissions de la production animale en Asie en Amérique latine – ainsi qu'en Europe – peuvent en fait diminuer. Dans la majorité des autres régions, la croissance des émissions provenant de l'élevage est bien plus limitée dans le scénario *Croissance durable*, par rapport aux autres scénarios. Les différences sont toutefois relativement faibles dans le cas de l'Afrique subsaharienne, car la réduction des émissions de la production de viande de ruminants est pour l'essentiel compensée par une rapide augmentation des émissions de la production d'autres animaux, notamment les animaux laitiers et les volailles, les régimes alimentaires commençant à accorder une plus grande place aux protéines provenant de ces sources.

Les émissions imputables à la production végétale augmentent plus vite que celles générées par les systèmes de production animale aussi bien à l'échelle mondiale que dans presque toutes les régions, et dans tous les scénarios. Les intensités d'émission moyennes – c'est-à-dire les émissions totales par unité de production – de la production animale sont différentes pour les systèmes à l'herbe et pour les systèmes mixtes (Havlik et al., 2014, en particulier le « graphique S2 » qui illustre les informations présentées dans le rapport). Au fur et à mesure que la production animale se développe, la production de viande se transforme pour passer de systèmes à l'herbe à des systèmes mixtes et à base de céréales. Les intensités d'émission s'améliorent par conséquent de 25 % à 28 % à l'échelle mondiale pour la viande de ruminants. Comme les systèmes de pâturage occupent une place plus importante dans le scénario *Croissance durable*, les intensités d'émission s'améliorent un peu moins dans ce scénario que dans les deux autres. En revanche, les améliorations produites par une modification des systèmes de production sont plus faibles pour la plupart des cultures. L'essentiel de l'augmentation de la production végétale se traduit donc directement par une augmentation des émissions[7].

Graphique 2.6. Évolution par région des émissions agricoles de gaz à effet de serre entre 2010 à 2050

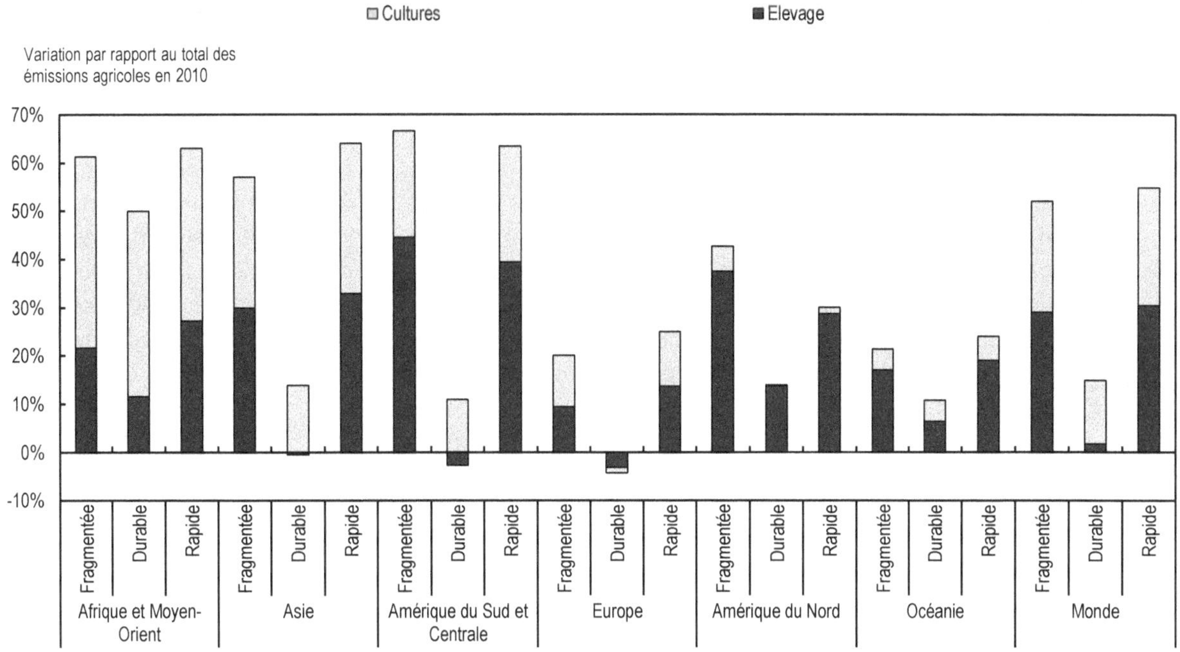

□ Cultures ■ Elevage

Variation par rapport au total des émissions agricoles en 2010

70%
60%
50%
40%
30%
20%
10%
0%
-10%

Fragmentée Durable Rapide (×7)

Afrique et Moyen-Orient | Asie | Amérique du Sud et Centrale | Europe | Amérique du Nord | Océanie | Monde

Source : les résultats relatifs aux émissions ont été générés par le modèle GLOBIOM.

Les autres polluants sont aussi importants, même si les modèles déployés ne donnent pas d'indications quantitatives spécifiques les concernant. Il s'agit, par exemple, des engrais d'origine minérale et organique, ainsi que des pesticides. Il importe, ici encore, d'établir une distinction entre les intensités de pollution (c'est-à-dire la quantité de polluants libérés par unité de produit) et les effets d'échelle. L'évolution des intensités de pollution dépend généralement de l'intensité d'épandage de ces facteurs de production, des technologies employées pour les appliquer et des rendements moyens des cultures. Les intensités d'épandage des engrais et des pesticides varient fortement selon les pays : la quantité d'engrais utilisés par hectare est bien plus faible dans les pays africains que dans le monde développé (FAOSTAT, 2014). Une intensification de l'utilisation d'engrais peut, par conséquent, être considérée comme une condition nécessaire à l'accroissement de la productivité des terres en Afrique. Par contre, plusieurs pays d'Asie, dont l'Inde et l'Indonésie, accordent d'importantes aides pour abaisser les prix des engrais acquittés par les agriculteurs (von Lampe et al., 2014). Les taux d'épandage dans ces pays sont donc élevés, et devraient diminuer lorsque ces mesures seront ajustées. Enfin, dans la plupart des pays développés, les doses d'application pourraient diminuer légèrement dans l'avenir, sachant que les réglementations relatives à l'épandage d'engrais et aux besoins des cultures, par exemple, évoluent de manière à pallier les effets néfastes sur l'environnement des fertilisants et des technologies. Des arguments similaires pourraient être avancés dans le cas des pesticides, bien que l'on ne dispose pas aussi systématiquement de données à leur sujet.

Les technologies d'épandage et les rendements des cultures devraient s'améliorer, notamment dans de nombreux pays en développement où les technologies actuellement employées sont moins perfectionnées et/ou les rendements moyens sont inférieurs à ce qu'ils pourraient être. Il est difficile d'évaluer les conséquences générales que cela pourrait avoir sur la pollution générée par les engrais et les pesticides, mais dans le cas de la plupart des pays développés ainsi que des pays qui accordent actuellement un soutien important à l'emploi de ces facteurs de production, il est tout à fait possible que les niveaux de pollution diminuent. Il importera de procéder à des analyses plus approfondies pour mieux comprendre les arbitrages entre un recours plus important (mais aussi plus approprié) à des facteurs de production agricoles, l'adoption de meilleures technologies d'épandage et l'application de réglementations environnementales éventuellement adaptées dans certains des pays les moins développés, notamment en Afrique.

Régimes alimentaires et nutrition

Il suffit de considérer le passé pour noter les enjeux auxquels, au-delà de la sécurité alimentaire, sont confrontés de nombreux pays. Alors que dans un certain nombre de pays en développement, la question de savoir comment obtenir « assez » de nourriture est de première importance, les conséquences des options proposées aux consommateurs en matière d'alimentation et les choix de ces derniers suscitent de plus en plus de débats, aussi bien dans certaines régions en développement que dans les pays développés. Ces débats portent sur divers thèmes : i) les préoccupations concernant des problèmes émergents dans le domaine de la santé comme les maladies non transmissibles liées à une consommation excessive de sucres ou de graisses, mais aussi de viande et de produits carnés,[8] en particulier – mais pas uniquement – dans les pays les plus développés, ii) la viabilité des structures de consommation qui conditionnent la production de denrées agricoles et autres aliments, et iii) les évolutions sociales liées à la consommation alimentaire, comme par exemple les effets sur la cohésion sociale du changement de tendances affectant la préparation et la consommation collectives des repas.

Il est important de noter que les données sur lesquelles repose l'examen de la structure de l'alimentation posent des problèmes majeurs. Les données sur la consommation alimentaire effective sont partielles, fragmentées, souvent anciennes et ne permettent généralement pas d'effectuer des comparaisons entre pays ou entre régions. Aussi l'analyse des évolutions des structures de la consommation alimentaire, des régimes et de la nutrition à l'échelle internationale utilise-t-elle généralement la « disponibilité d'aliments » comme variable de remplacement. Il importe toutefois de noter que les données sur la disponibilité d'aliments tirées, notamment, de bilans alimentaires, peuvent fortement s'écarter des observations recueillies dans le cadre, par exemple, de différentes enquêtes sur les régimes alimentaires (Kearney, 2010).

De manière générale, la transition nutritionnelle s'effectue en deux étapes. Il s'agit en premier lieu de l'« expansion » de la consommation alimentaire, qui est principalement axée sur l'accroissement de l'offre d'alimentation énergétique, les calories supplémentaires provenant en majorité d'aliments végétaux meilleur marché. Cette évolution est visible dans presque toutes les régions et est largement indépendante des cultures, des religions, des traditions et d'autres facteurs similaires. La deuxième phase, dite de « substitution », donne lieu à une restructuration de la consommation alimentaire au détriment de produits de base riches en glucides et au profit d'huiles végétales, de sucres et de produits animaux, mais ne modifie généralement pas l'apport énergétique alimentaire. Cette dernière évolution dépend, dans une bien plus large mesure, de la culture ou de la religion, et diffère donc selon les pays et les régions (Schmidhuber et Shetty, 2005, et autres études).

La composition des paniers alimentaires continuera probablement de se modifier au cours du temps (graphique 2.7). L'essentiel de la phase de « substitution » de la transition nutritionnelle s'étant déjà déroulée dans la plupart des pays industrialisés, et la progression des revenus par habitant étant généralement plus rapide dans les pays en développement que dans les pays développés, cette transformation devrait être plus prononcée dans le monde en développement. L'augmentation des revenus et l'évolution des prix relatifs sont les principaux déterminants de cette substitution, aussi bien dans le scénario *Croissance fragmentée* que dans le scénario *Croissance rapide*, et se traduisent par un accroissement des parts des produits de l'élevage, du sucre et des huiles végétales et une diminution de celle des céréales. Cette baisse est plus prononcée en Chine et en Asie du Sud où la part du riz se contracte sous l'effet, entre autres, de l'augmentation des revenus.

Graphique 2.7. Modification de la composition des produits alimentaires disponibles, 2010 à 2050

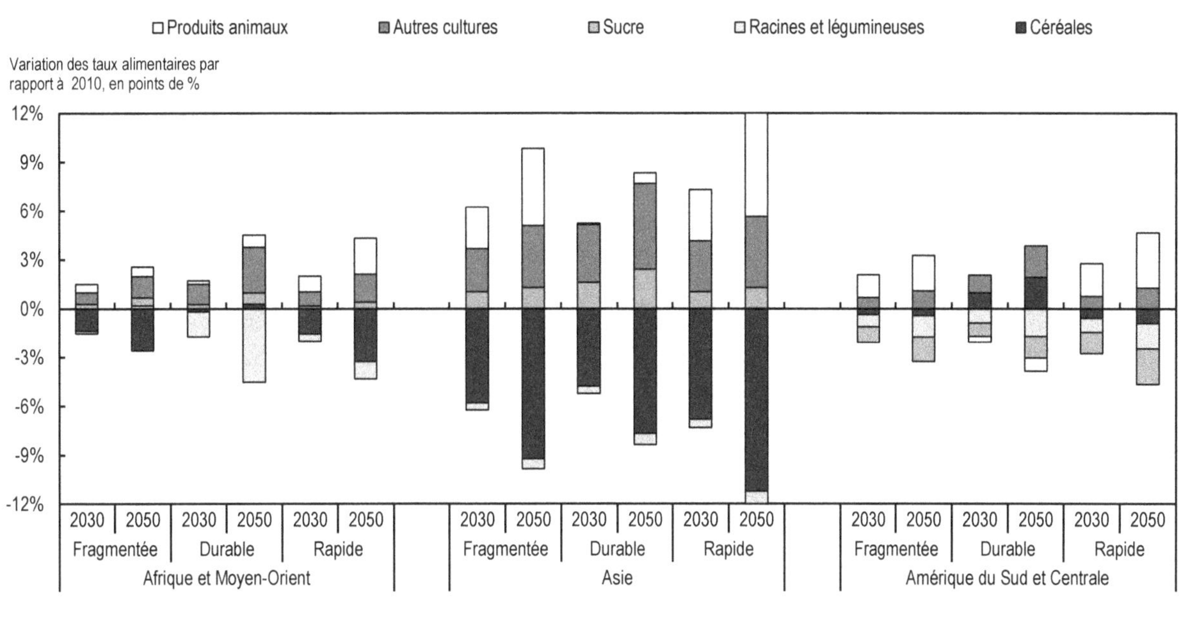

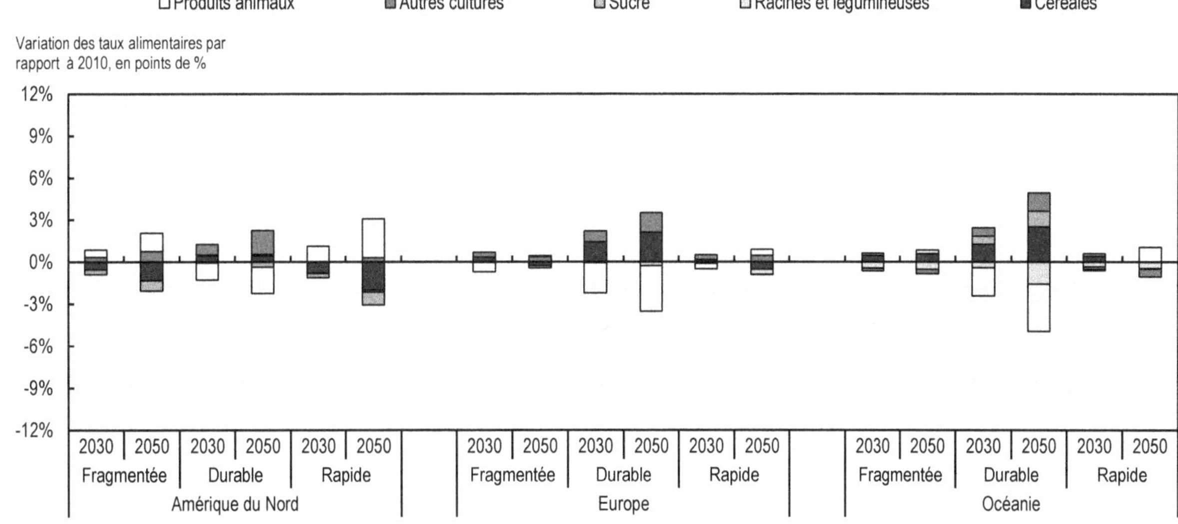

Note : les racines alimentaires de base et les légumes secs considérés dans le modèle GLOBIOM sont les pommes de terre, les patates douces, le manioc et les pois secs.

Source : les résultats sur l'apport calorique par produits proviennent du modèle GLOBIOM.

La structure de la consommation se modifie dans une moindre mesure en Amérique latine dans ces deux scénarios, bien que la part des produits animaux – essentiellement la viande d'animaux non ruminants comme la volaille – puisse s'accroître de deux à trois points de pourcentage entre 2010 et 2050, pour largement remplacer des produits de base comme les pommes de terre et les légumes secs. Si une légère augmentation de la part de l'élevage s'observe également en Amérique du Nord et en Océanie, chez les consommateurs européens la part moyenne de l'apport calorique provenant de la viande et des produits laitiers pourrait diminuer, ces changements restant cependant très modestes.

Étant donné l'importance accordée à des régimes alimentaires plus équilibrés et plus durables dans le scénario *Croissance durable*, la composition des paniers alimentaires évolue de manière assez différente et dans une plus large mesure dans ce contexte. Dans les pays développés, mais également en Chine et dans certaines parties d'Amérique latine, cela signifie essentiellement une réduction de la consommation de produits de l'élevage. En Asie du Sud et du Sud-Est, la contribution de la viande au régime alimentaire moyen continue de s'accroître, bien que plus lentement que dans les autres scénarios, car la consommation de viande est relativement faible. Une évolution similaire se produit en Afrique subsaharienne, où la part d'aliments de base comme la pomme de terre et le manioc diminue au profit de celle de la viande et des céréales.

Ces résultats du modèle GLOBIOM correspondent, dans l'ensemble, à ceux du deuxième modèle d'équilibre partiel, IMPACT, qui fournit également des données par produit sur la disponibilité calorique. Les deux modèles ne couvrent pas les mêmes produits, ce qui engendre des différences entre les catégories. Ces différences sont très marquées pour les fruits et légumes qui sont couverts de manière plus exhaustive dans le modèle IMPACT, et dont les parts moyennes augmentent dans les trois scénarios (cette catégorie de produits est très sensible à l'augmentation des revenus), mais dans une plus large mesure dans le scénario *Croissance durable* sachant que cette catégorie d'aliments est aussi considérée comme permettant de mieux équilibrer les régimes alimentaires.

Il n'est pas immédiatement possible de tirer de ces résultats des conclusions claires sur les effets sanitaires et environnementaux. Néanmoins, on peut identifier un risque significatif de prévalence accrue des maladies non transmissibles liées à la nutrition, notamment dans les scénarios *Croissance fragmentée* et *Croissance rapide* qui sont axés sur la croissance des revenus et avec lesquels le peu d'attention accordée à un régime équilibré et viable se reflète dans l'accroissement de la consommation de viande, de graisses et de sucres dans un certain nombre de régions. Ce n'est cependant pas le cas dans le scénario *Croissance durable*, en raison de la tendance prédominante vers des régimes alimentaires plus équilibrés et plus durables, comme l'indique, entre autres, la part moins importante des produits animaux dans l'alimentation.

Maladies animales transfrontalières

Les maladies animales, notamment les maladies transmises à travers les frontières internationales, constituent une menace importante, aussi bien pour les systèmes de production que pour les sociétés. Ces maladies réduisent la productivité des animaux et accroissent les coûts de production et, bien que peu d'évaluations systématiques de leurs coûts économiques aient été réalisées par espèce, les études traitant de ce sujet indiquent qu'ils peuvent être élevés (Innamura, Rushton et Antón, 2015). Par exemple, les coûts associés à 32 grandes maladies qui affectent le secteur de l'élevage du Royaume-Uni représentent, selon les estimations, 8 % de la valeur de la production du secteur (Bennet et Ijplaar, 2005). Les 21 principales maladies touchant les bovins et les ovins coûtent au secteur de l'élevage australien environ 16 % de sa valeur (Sackett et Holmes, 2006). D'autres études font état de coûts tout aussi élevés pour la production animale dans les pays en développement.

Les maladies animales peuvent également avoir un impact sur la santé humaine si elles sont zoonotiques, c'est-à-dire si elles sont transmissibles entre les animaux et les êtres humains. L'impact de ces maladies sur la santé humaine est très différent dans les pays à revenu élevé et dans les pays à faible revenu. Il a été déterminé que les zoonoses étaient à l'origine de 13 % de la charge de morbidité due à des maladies infectieuses dans 59 pays à faible revenu, contre seulement 1 % dans les pays riches (Grace et al., 2012). Les maladies animales peuvent avoir d'autres effets indirects en suscitant des incertitudes chez les consommateurs, en entravant les exportations de produits de l'élevage et en nuisant au secteur du tourisme. Par exemple, le tourisme a été le secteur le plus touché au Royaume-Uni à la suite de l'épizootie de fièvre aphteuse de 2001, et a subi une perte dont le montant a été estimé à 7.7 milliards de GBP (IFAH, 2012).

Plusieurs facteurs détermineront l'évolution des maladies animales au cours des prochaines décennies. Une expansion générale du secteur de l'élevage caractérisée par un plus grand nombre d'animaux et une plus forte densité accroît la probabilité de propagation des maladies animales, de même que l'intensification des déplacements des animaux à l'intérieur des pays et entre ces derniers. Il est en outre possible que des maladies nouvelles ou plus virulentes se déclarent, et que des maladies existantes deviennent résistantes aux traitements existants. L'expansion de l'irrigation – en Afrique, par exemple – est associée à des épidémies lorsque les vecteurs de ces maladies sont dépendants de l'eau. Les maladies transmises par l'eau risquent donc de progresser dans l'avenir. La déforestation pourrait accroître le risque de voir des espèces sauvages (chauves-souris, par exemple), vecteurs possibles de maladies du bétail, se déplacer vers les zones d'habitation et les terres agricoles. Comme on l'a montré plus haut, la poursuite de la déforestation est plus prononcée dans les scénarios *Croissance rapide* et *Croissance fragmentée* (avec des différences relativement faibles entre les deux) que dans le scénario *Croissance durable*. Dans le même temps, les mesures prises pour loger les animaux d'élevage dans des bâtiments dans le cadre de systèmes de production plus intensifs peuvent réduire les contacts que pourraient avoir ces animaux avec les réservoirs de maladies des animaux sauvages ou la transmission à l'homme. Au nombre des autres facteurs pouvant avoir un impact sur l'évolution et la propagation des maladies animales figurent les conditions caractéristiques de la production animale en zone urbaine et les systèmes de transformation, de commercialisation et de consommation dans les villes en expansion des pays en développement ; l'impact du changement climatique sur la répartition des maladies reste toutefois indéterminé.

Parallèlement, l'expérience passée indique que globalement, les maladies du bétail peuvent devenir *moins* fréquentes dans les pays industrialisés. Cette évolution pourrait être liée à trois facteurs : i) l'amélioration progressive du contrôle des principales épidémies grâce à des campagnes d'éradication, ii) un meilleur contrôle des produits animaux aux frontières internationales et l'utilisation plus fréquente de méthodes d'évaluation du risque en vue d'éviter la pénétration des maladies animales, et iii) les améliorations globales apportées aux infrastructures, à l'hygiène et aux intrants sanitaires.

Les trois scénarios n'affichent pas le même degré d'exposition aux maladies animales transfrontalières parce qu'ils se caractérisent par des niveaux et des densités de production animale, une intensité des échanges internationaux et un degré de coopération internationale différents. Dans le scénario *Croissance fragmentée*, dans lequel le commerce interrégional est moins important, les maladies animales (et végétales) ont généralement une couverture régionale plus limitée. En revanche, la rapide expansion de la production de produits de l'élevage et la coopération internationale limitée au niveau des systèmes de prévention et de contrôle dans ce scénario se traduisent par une propagation des maladies qui peut être rapide et avoir de graves impacts dans les pays et les régions.

La forte croissance des revenus entraîne également une forte augmentation de la production animale dans le scénario *Croissance rapide*. L'intensification des échanges internationaux et interrégionaux permet de surcroît aux maladies de traverser facilement les frontières et les continents. Il est nécessaire que l'importance accordée à la collaboration internationale dans ce scénario se traduise par une coopération plus étroite et plus efficace pour prévenir, dépister rapidement et maîtriser la propagation de ces maladies. Le scénario Croissance durable privilégie, en revanche, une moindre consommation et une moindre production de produits animaux ce qui, conjointement à des échanges interrégionaux plus limités, à la plus grande diversité des espèces agricoles et à la plus forte biodiversité générale, devrait contribuer à limiter les répercussions des maladies interrégionales.

Sécurité des aliments

Il est probable que, à l'instar des maladies animales, les risques qui pèsent sur la sécurité sanitaire des aliments augmentent avec les échanges alimentaires internationaux. De plus, l'allongement des chaînes alimentaires à l'échelle de pays et de continents peut accroître la difficulté d'assurer la pleine traçabilité et l'innocuité des ingrédients entrant dans les produits alimentaires. Cette situation, conjuguée à des systèmes de production agricole à très forte intensité d'intrants, peut accroître les pressions exercées sur l'innocuité des produits alimentaires dans le scénario *Croissance rapide*. Dans ce scénario, les contrôles obligatoires de l'innocuité des aliments peuvent être en partie assurés par les sociétés multinationales alimentaires et facilités par une offre de produits alimentaires essentiellement homogène et une coopération internationale renforcée.

Bien que l'importance moindre accordée aux échanges interrégionaux réduise quelque peu ces menaces dans le scénario *Croissance fragmentée*, la forte utilisation d'intrants, l'accroissement de la pollution et le non-respect éventuel des réglementations en vigueur, surtout durant les périodes de pénurie alimentaire, pourraient accroître les risques qui pèsent sur l'innocuité des aliments dans ce scénario. Il est probable que les pressions concernant la sécurité sanitaire des aliments sont moins intenses dans le scénario *Croissance durable*, car l'emploi d'intrants y est plus réduit et la biodiversité est plus importante dans l'ensemble. Certains risques pourraient découler de la plus grande diversité des produits alimentaires si les normes de sécurité sanitaire ne sont pas dûment prises en compte.

Importance relative des défis selon les scénarios

Il est difficile de procéder à l'agrégation des importances relatives des différents défis, et les résultats dépendent nécessairement des pondérations attribuées à chacun d'entre eux. Cependant, en étudiant chacun des problèmes dans les différents scénarios, il est possible d'en tirer une synthèse, comme l'illustre le graphique 2.8. De façon générale, le scénario *Croissance fragmentée* se caractérise par un ensemble de risques plus ou moins importants liés à une variété de menaces. Ce scénario, par bien des aspects, peut être considéré comme celui du statu quo, les grands problèmes qui existent et qui sont visibles aujourd'hui continuant et s'intensifiant dans l'avenir. Les améliorations apportées à l'insécurité alimentaire générale sont limitées, et aussi bien les problèmes de la faim que les problèmes liés au surpoids continuent de menacer un grand nombre de pays et leurs systèmes de santé. La sécurité sanitaire des aliments et la santé animale sont compromises en raison de la forte utilisation d'intrants dans l'agriculture et du manque de coopération internationale pour prévenir et maîtriser la propagation de substances et d'organismes nuisibles dans la chaîne alimentaire. La perte de biodiversité, les émissions de gaz à effet de serre agricoles et la pollution continuent pratiquement sans aucun contrôle. Sachant que les prix des produits agricoles ne peuvent plus chuter en termes réels, les perspectives de revenu des agriculteurs, et plus généralement la viabilité économique de l'agriculture, deviennent moins préoccupantes, à condition que n'apparaissent pas de nouveaux obstacles aux mutations structurelles.

Le scénario *Croissance durable* affiche, dans l'ensemble, de meilleurs résultats dans de nombreux domaines. Les problèmes de santé associés aux régimes alimentaires sont nettement moins importants parce que les consommateurs privilégient des paniers d'alimentation viables et limitent leur consommation de viande de ruminants et d'autres animaux[9]. Les problèmes de sécurité sanitaire des aliments et de maladies animales transfrontalières sont restreints parce que l'utilisation d'intrants agricoles est moins élevée et l'intensité de production générale est plus faible, et aussi parce que la biodiversité est plus importante, bien que des risques continuent d'être associés, notamment, à la diversité des produits alimentaires sur les marchés. La croissance limitée de la production de viande de ruminants contribue à une augmentation relativement faible des émissions de GES agricoles, même si cette évolution ne suffit pas à inverser la tendance à la hausse des émissions. Par comparaison aux autres scénarios, le scénario *Croissance durable* semble poser d'importants problèmes aux agriculteurs qui doivent s'ajuster aux changements de comportement des consommateurs et aux exigences des citoyens concernant l'emploi de méthodes de production viables et la production de biens publics.

La coopération internationale dans de nombreux domaines a un impact positif sur les réalisations du scénario *Croissance rapide*, notamment la sécurité des aliments et la viabilité économique de l'agriculture dans les régions compétitives (c'est-à-dire relativement riches en terres et en capital). Cependant, faute d'une attention suffisante, la croissance économique et la hausse des revenus comparativement rapides qui sont prévues dans ce scénario génèrent un certain nombre de menaces sérieuses, notamment dans les domaines de l'environnement et de la santé.

Graphique 2.8. Importance relative des défis dans les différents scénarios

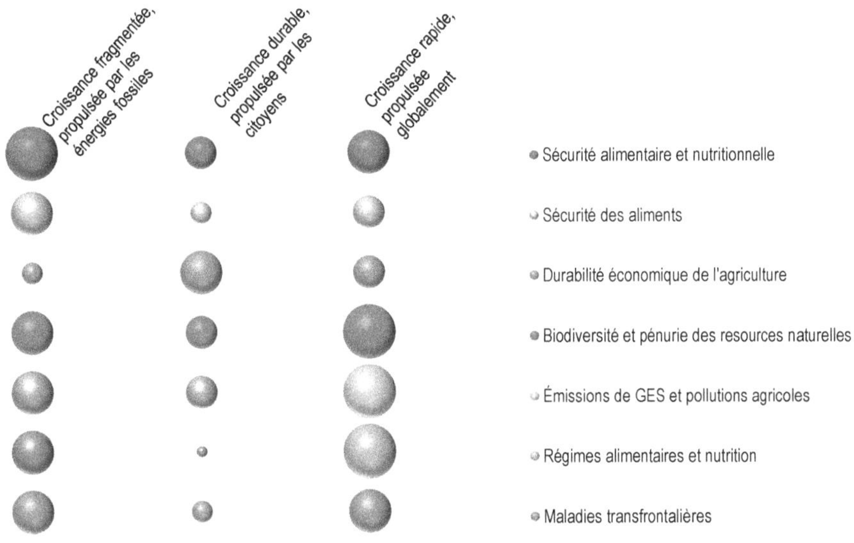

Note : plus les bulles sont grosses, plus les risques généraux correspondant à un défi particulier sont élevés.
Source : représentation qualitative des résultats des scénarios réalisée d'après les résultats des modèles et les débats des ateliers organisés autour des scénarios.

Notes

1. Dans une enquête non représentative menée auprès de ministères de l'Agriculture de pays membres de l'OCDE, un nombre total de 26 thèmes – qui se recoupent en partie – ont été recensés en tant que principaux sujets de préoccupation devant être considérés dans le cadre d'une réflexion stratégique sur les perspectives du système alimentaire et agricole. Si certains de ces sujets sont relativement précis (comme celui de la disponibilité de jeunes agriculteurs pour la reprise des exploitations par la génération suivante), d'autres sont très généraux (comme celui des pays en développement). Un échantillon de thèmes a été examiné plus en détail dans le cadre des travaux qui ont suivi le premier atelier.

2. Notons que les hypothèses nutritionnelles du scénario *Croissance durable* n'ont été que partiellement appliquées dans le modèle IMPACT ; on trouvera des détails à ce sujet à l'annexe B.

3. L'expression « mutations structurelles » peut couvrir un ensemble d'évolutions dans un secteur ou au sein d'une économie, comme des changements substantiels dans le régime de marché ou comme le passage d'une société largement agricole et rurale à une société plus industrialisée et un secteur des services qui se développe. Ce terme est utilisé ici pour désigner les changements dans le nombre et la distribution par taille des entreprises agricoles.

4. Les données ont été collectées pour les années 1930, 1940, etc. jusqu'à 2000. Cependant, en général, les données disponibles n'incluent que quelques-unes de ces années. Les données examinées ici couvrent la période la plus longue possible entre 1970 et 2000 et peuvent donc, lorsqu'elles sont disponibles, couvrir entre une et quatre décennies.

5. Pour isoler les déplacements de main-d'œuvre de l'évolution générale de la main-d'œuvre globale (qui est elle-même essentiellement déterminée par la croissance démographique), la situation simulée pour 2050 est comparée à une situation hypothétique dans laquelle l'emploi de main-d'œuvre dans tous les secteurs augmente au même taux que l'emploi total. Il est donc possible d'imputer toute modification de l'emploi de main-d'œuvre dans un secteur particulier par rapport à cette situation de « croissance proportionnelle » à une migration de travailleurs entre secteurs.

6. Les données scientifiques permettent d'établir un lien entre la consommation excessive de viande, de viande rouge et produits à base de viande, et différents types de maladies non transmissibles : maladies cardiaques, diabète de type 2, certains cancers, pour n'en nommer que quelques-unes. Voir Bender (1992) ; Kaluza et al. (2012) ; Pan et al. (2012) ; World Cancer Research Fund/American Institute for Cancer Research (2007). On trouvera une liste plus complète de références dans Johns Hopkins Bloomberg School of Public Health (non daté).

7. Notons que les modifications des intensités d'émission dues à l'amélioration des pratiques dans les systèmes de production ne sont pas représentées ici. Le progrès des technologies et des méthodes peut permettre de réduire significativement les émissions agricoles et a plus de chances de se réaliser dans le scénario *Croissance durable* que dans le scénario *Croissance rapide* ou même dans le scénario *Croissance fragmentée*, ce qui accentue encore les différences en termes d'émissions entre les différents scénarios.

8. Voir note 6.

9. Bien que la viande et les autres produits animaux constituent une source importante de protéines, il existe un lien entre la consommation excessive de viande et divers types de maladies non transmissibles. On trouvera des détails et une liste de références dans la note 15 ci-dessus.

Références

Banque mondiale (2006), *Where is the Wealth of Nations? Measuring Capital for the 21st Century*, Banque mondiale, Washington D.C., http://documents.worldbank.org/curated/en/2005/12/6623427/wealth-nations-measuring-capital-21st-century.

Bender, A. (1992), « Meat and Meat Products in Human Nutrition in Developing Countries », *FAO Food and Nutrition Paper* 53, Organisation des Nations Unies pour l'alimentation et l'agriculture, Rome, www.fao.org/docrep/t0562e/t0562e00.htm.

Bennett, R.M. et J. Ijpelaar (2005), « Updated estimates of the costs associated with 34 endemic livestock diseases in Great Britain: A note », *Journal of Agricultural Economics*, vol. 56, pp. 135-144, Royaume-Uni, http://onlinelibrary.wiley.com/doi/10.1111/j.1477-9552.2005.tb00126.x/abstract.

Canfield, D.E., A.N. Glazer et P.G. Falkowski (2010), « The evolution and future of Earth's nitrogen cycle », *Science,* vol. 330, pp. 192-196, American Association for the Advancement of Science, États-Unis, www.sciencemag.org/content/330/6001/192.full.pdf.

FAO (1996), *Déclaration de Rome sur la sécurité alimentaire mondiale et Plan d'action du* Sommet mondial de l'alimentation, 13-17 novembre 1996, Organisation des Nations Unies pour l'alimentation et l'agriculture, Rome, http://www.fao.org/docrep/003/W3613F/W3613F00.HTM.

FAO (2009), *Déclaration du Sommet mondial sur la sécurité alimentaire*, Sommet mondial sur la sécurité alimentaire, 16-18 novembre 2009, Organisation des Nations Unies pour l'alimentation et l'agriculture, Rome, ftp://ftp.fao.org/docrep/fao/Meeting/018/k6050f.pdf.

FAO (2010), *World Programme for the Census of Agriculture 2000*, Organisation des Nations Unies pour l'alimentation et l'agriculture, Rome. Rapports et tableaux de comparaison disponible à l'adresse http://www.fao.org/economic/ess/ess-wca/wca-2000/fr/ (consulté le 29 octobre 2015).

FAO (2013), *Aspects Determining the Risk of Pesticides to Wild Bees: Risk Profiles for Focal Crops on Three Continents*, Organisation des Nations Unies pour l'alimentation et l'agriculture, Rome, www.fao.org/uploads/media/risk_pest_wildbees.pdf.

FAOSTAT (2014), Données statistiques de l'Organisation des Nations Unies pour l'alimentation et l'agriculture (base de données), Organisation des Nations Unies pour l'alimentation et l'agriculture, Rome, http://faostat3.fao.org/home/F (consulté le 28 novembre 2014).

Fonds mondial de recherche contre le cancer / American Institute for Cancer Research (2007), *Food, Nutrition, Physical Activity, and the Prevention of Cancer: A Global Perspective*, AICR, Washington, D.C., www.dietandcancerreport.org/cancer_resource_center/downloads/Second_Expert_Report_full.pdf.

Foresight (2010), *Workshop Report: W4 Expert Forum on the Reduction of Food Waste*, The Government Office for Science, Londres, http://s3.amazonaws.com/zanran_storage/www.bis.gov.uk/ContentPages/2374836301.pdf.

Grace, D. et al. (2012), « The multiple burdens of zoonotic disease and an ecohealth approach to their assessment », *Tropical Animal Health and Production,* vol. 44, n° S1, pp. 67-73, Springer, États-Unis, http://doi:10.1007/s11250-012-0209-y.

IFAH (2012), *The Costs of Animal Disease- A report produced for the International Federation for Animal Health*, Oxford Analytica, Royaume-Uni, www.ifahsec.org/white-paper-the-costs-of-animal-disease.

Inamura, M., J. Rushton et J. Antón (2015), « Risk Management of Outbreaks of Livestock Diseases », *Documents de l'OCDE sur l'alimentation, l'agriculture et les pêches*, n° 91, Éditions OCDE, Paris, http://dx.doi.org/10.1787/5jrrwdp8x4zs-en.

Johns Hopkins Bloomberg School of Public Health (sans date), « Health and environmental implications of U.S. meat consumption and production », Johns Hopkins Center for a Liveable Future, www.jhsph.edu/research/centers-and-institutes/johns-hopkins-center-for-a-livable-future/projects/meatless_monday/resources/meat_consumption.html (consulté le 29 octobre 2015).

Kaluza, J., A. Wolk et S.C. Larsson (2012), « Red meat consumption and risk of stroke: A meta-analysis of prospective studies », *Stroke*, vol. 43, pp. 2556-60, http://dx.doi.org/10.1161/strokeaha.112.663286 (consulté le 29 octobre 2015).

Kearney, J. (2010), « Food consumption trends and drivers », *Philosophical Transactions of the Royal Society*, vol. 365, pp. 2793-2807, http://rstb.royalsocietypublishing.org/content/365/1554/2793.

Kimura, S. et J. Sauer (2015), *Dynamics of Dairy Farm Productivity Growth: Cross-Country Comparison, Documents de l'OCDE sur l'alimentation, l'agriculture et les pêches,* n° 87, Éditions OCDE, Paris, http://dx.doi.org/10.1787/5jrw8ffbzf7l-en.

National Research Council (2001), *Publicly Funded Agricultural Research and the Changing Structure of U.S. Agriculture*, Committee to Review the Role of Publicly Funded Agricultural Research on the Structure of U.S. Agriculture, National Academy Press, Washington, DC, www.nap.edu/read/10211/chapter/1.

OCDE (2012), *Perspectives de l'environnement de l'OCDE à l'horizon 2050 : Les conséquences de l'inaction*, Éditions OCDE, Paris, http://dx.doi.org/10.1787/env_outlook-2012-fr.

Pan, A. (2012), « Red meat consumption and mortality: Results from two prospective cohort studies », *Archive of Internal Medicine*, vol. 172, n° 7, pp. 555-63, http://dx.doi.org/10.1001/archinternmed.2011.2287.

Sackett, D. et P. Holmes (2006), *Assessing the Economic Cost of Endemic Disease on the Profitability of Australian Beef Cattle and Sheep Producers*, Meat and Livestock Australia Limited, Sydney, www.mla.com.au/Research-and-development/Search-R-D-reports/RD-report-details/R-and-D-Report-Download?itemId=68.

Schmidhuber, J. et P. Shetty (2005), « The nutrition transition to 2030: Why developing countries are likely to bear the major burden », *Acta Agriculturae Scandinavica*, Section C – Food Economics, vol. 2, n° 3-4, www.tandfonline.com/doi/abs/10.1080/16507540500534812#.VjIXnrerTC0.

Von Lampe, M. et al. (2014), *Fertiliser and Biofuel Policies in the Global Agricultural Supply Chain, Documents de l'OCDE sur l'alimentation, l'agriculture et les pêches*, n° 69, Éditions OCDE, Paris, http://dx.doi.org/10.1787/5jxsr7tt3qf4-en.

Chapitre 3

Politique et stratégies d'application pour le futur de l'alimentation et de l'agriculture

En dépit des incertitudes qui pèsent sur l'avenir des systèmes alimentaires et agricoles, une chose est claire : les choix faits aujourd'hui par les décideurs politiques, les entreprises et les consommateurs joueront un rôle fondamental pour déterminer dans quelle mesure les systèmes alimentaires et agricoles mondiaux seront affectés par les problèmes étudiés dans les chapitres précédents. Ce chapitre identifie et étudie cinq stratégies fondamentales pour l'action des acteurs publics, et même d'autres parties prenantes, le cas échéant : i) accélération de la transition vers des modes de vie et des structures de consommation plus durables, ii) davantage de cohérence des réglementations des marchés alimentaires, iii) croissance durable de la productivité et résilience climatique, iv) amélioration des infrastructures, et v) amélioration et élargissement de la portée des systèmes de gestion des risques. La majeure partie de ces mesures permettrait de gérer les risques et de saisir les opportunités dans différents scénarios en limitant les effets indésirables, même si l'ampleur des bénéfices peut varier.

Grands domaines stratégiques pour l'action publique, les entreprises et la société

L'avenir de l'alimentation et de l'agriculture reste extrêmement incertain. Néanmoins, même en l'absence de prévisions et de pronostics précis, une chose est claire : la situation au cours des décennies à venir dépendra des décisions prises aujourd'hui par les responsables des politiques publiques et par les acteurs privés (c'est-à-dire les entreprises privées, les agriculteurs, les chercheurs, les consommateurs et la société civile). L'intervention des pouvoirs publics peut prendre des formes variées, telles que des mesures pour accélérer la croissance durable de la productivité, et plus généralement, des approches souples pour faire changer les modes de vie. Les entités privées peuvent compléter le travail des organismes publics dans divers domaines stratégiques, comme la production et la diffusion de données, la sensibilisation des consommateurs, l'investissement socialement responsable et la gestion des risques liés à l'agriculture. Les consommateurs, pour leur part, jouent un rôle à travers leurs décisions d'achat, tandis que les citoyens influent sur les processus politiques. Une action constructive et coordonnée entre tous ces acteurs est donc essentielle.

Les stratégies mises en œuvre doivent être conçues dans un cadre intégré sortant des limites du seul secteur de la production agricole. Les politiques économiques générales et les investissements, notamment la macroéconomie, l'éducation générale, les politiques de croissance et le développement rural dans son ensemble, peuvent tous avoir d'importantes répercussions positives dans un certain nombre de domaines recensés précédemment, comme la sécurité de l'alimentation et de la nutrition. C'est ce qui ressort également des comparaisons entre les scénarios Croissance rapide reposant sur la coopération et Croissance fragmentée reposant sur les énergies fossiles : la coopération internationale dans divers domaines, y compris les échanges commerciaux et les évolutions technologiques, a des conséquences importantes en raison de la création de nouvelles possibilités de revenu, en particulier dans les pays en développement.

Il importe également de s'employer à promouvoir en parallèle la durabilité et la croissance de la productivité. Les systèmes d'innovation agricole n'incluent pas seulement les investissements en R-D, mais aussi, ce qui est essentiel, tout le cadre des institutions et des infrastructures rendant possible la R-D privée et publique – ainsi que les partenariats public-privé – pour le développement de méthodes et de technologies d'avenir, l'analyse et la mise en valeur de ces évolutions dans le secteur de l'agroalimentaire, et la garantie de leur application à grande échelle et au plan international.

En particulier, cinq stratégies principales ont été identifiées, non seulement pour l'action publique mais aussi pour le secteur privé, les consommateurs et les citoyens, le cas échéant :[1]

- accélération de la transition vers des modes de vie et des structures de consommation plus durables
- davantage de cohérence des réglementations des marchés alimentaires
- croissance durable de la productivité et résilience climatique
- amélioration des infrastructures
- amélioration et élargissement de la portée des systèmes de gestion des risques

Chacune de ces stratégies est présentée ci-dessous.

Accélération de la transition vers des modes de vie et des structures de consommation plus durables

L'évolution en direction de modes de vie plus soucieux de durabilité se produit dès à présent dans de nombreux pays, pour la plupart développés. Lorsque leurs revenus augmentent, les consommateurs demandent le « respect de l'environnement » à titre de bien de luxe supplémentaire, ainsi que des biens publics environnementaux. Cependant, si l'on veut généraliser davantage ce souci de durabilité environnementale, sociale et économique, un certain nombre d'efforts concertés seront sans doute nécessaires dans des domaines comme l'éducation, notamment la sensibilisation aux conséquences des structures de consommation, comme le développement des technologies, par exemple les réfrigérateurs intelligents, comme les achats publics, par exemple pour les cantines des écoles et des ministères, et dans les mesures réglementaires, avec par exemple des systèmes d'étiquetage approprié des produits alimentaires. Il est important, dans nombre de ces domaines, de coopérer au plan international pour éviter des frictions commerciales pouvant émaner de différentes exigences d'étiquetage, mais aussi pour prendre en compte les interactions toujours plus nombreuses entre les différents modes de vie, l'influence qu'ils exercent les uns sur les autres et leur assimilation.[2]

La transformation des modes de vie est un processus de longue haleine qui exige une vaste participation de toutes les parties prenantes ainsi qu'une souplesse suffisante pour pouvoir accepter des approches divergentes. Les principaux moyens de progresser en direction de modes de vie plus durables sont l'éducation et le « nudge », qui permet d'influencer en douceur les comportements. Les résultats de ces processus n'étant pas immédiats, d'autres efforts opérant à plus court terme sont aussi nécessaires, en particulier pour intégrer systématiquement les objectifs de consommation alimentaire durable dans les politiques mises en place par les différents ministères. Un certain nombre de domaines d'action ont donc été retenus pour l'intervention du secteur public (d'après Moomaw et al., 2012) :

- Une réforme des **systèmes de subvention et d'imposition** pourrait éliminer les incitations à produire et à consommer des aliments à forte intensité de ressources et peu sains, ainsi qu'à gaspiller, et encourager l'adoption de régimes alimentaires plus durables et meilleurs pour la santé. Plusieurs pays ont mis en place ou envisagent de mettre en place des taxes sur les produits alimentaires qui sont considérés comme malsains, notamment les aliments gras et la « malbouffe ». Bien qu'il faille définir les mesures de désincitation de façon appropriée, ces taxes devraient avoir des impacts positifs sur les habitudes alimentaires des consommateurs lorsque la demande réagit aux prix.

- **Des campagnes de sensibilisation du public** peuvent largement contribuer à attaquer le problème d'une consommation alimentaire non viable et à maîtriser cette consommation. Ces campagnes doivent être adaptées à des objectifs particuliers et à des groupes cibles, et prendre en compte les normes sexospécifiques et culturelles relatives à la production et à la fourniture d'aliments.

- **Les mesures réglementaires** peuvent avoir un impact sur la publicité et la commercialisation des aliments, l'étiquetage des produits ou les portions. Bien que les publicités concernant l'alcool et le tabac soient de plus en plus réglementées dans un grand nombre de pays, de telles réglementations dans le domaine de l'alimentation ont fait l'objet d'analyses limitées.

- Les autorités publiques achètent de grandes quantités d'aliments pour les hôpitaux, les établissements scolaires et d'autres organisations de service public. Les études en ce domaine montrent que la prise en compte de la durabilité dans la **passation des marchés publics de produits alimentaires** permet de réduire l'empreinte écologique et de susciter l'intérêt de la société civile (UNRISD, 2011).

Un certain nombre de mesures importantes sont toutefois prises par les organisations du secteur privé pour stimuler l'innovation, recadrer les relations entre les gouvernants et les consommateurs, établir les règles, suivre leur respect et leur application. Un certain nombre de possibilités de participation du secteur privé ont été recensées (sur la base de Moomaw et al., 2012) :

- Il semble que pour gagner la loyauté des consommateurs, il vaille mieux, pour les détaillants, s'efforcer d'aider leur clientèle à moins gaspiller que d'abaisser leurs prix ou de lancer des promotions spéciales. Les consommateurs ont tendance à acheter des produits de meilleure qualité qui, par conséquent, présentent une plus grande marge bénéficiaire lorsque les supermarchés les aident à économiser de l'argent **en réduisant le gaspillage alimentaire** (Foresight, 2010).[3]

- **Les normes volontaires et la certification** peuvent encourager la loyauté à une marque, sensibiliser les consommateurs et influencer la structure de la consommation. Les normes du Marine Stewardship Council, de Rainforest Alliance ou les normes des entreprises de GlobalGAP en sont autant d'exemples.

Un certain nombre de recherches exploratoires sont actuellement menées par des scientifiques et des spécialistes sur la consommation alimentaire de demain. Certains des objectifs visés pourraient se révéler difficiles à réaliser à grande échelle ou se heurter à des difficultés imprévues, cependant ces recherches pourraient sensiblement et durablement améliorer les disponibilités alimentaires. Si certains de ces travaux, notamment les cultures résistantes à la salinité ou à la sécheresse, peuvent n'avoir qu'un impact limité sur la consommation alimentaire, si ce n'est par le biais des effets de prix, d'autres pourraient exiger des transformations radicales au regard des normes culturelles. Certains domaines de recherche consistent à :

- **Accroître la consommation de denrées alimentaires à faible intensité :** parfois qualifiés de « mini bétail », les insectes pourraient devenir une source potentiellement abondante de protéines (environ 1 400 espèces sont comestibles). Il est suggéré, par exemple, de mélanger des insectes en poudre dans les produits carnés transformés lorsque des viandes mixtes sont déjà couramment produites, soit intentionnellement, soit par contamination croisée dans les installations de transformation alimentaire. Si l'inclusion d'insectes dans les régimes alimentaires est souvent présentée dans les médias occidentaux pour choquer l'auditoire, les populations de certains pays consomment déjà des insectes de manière régulière. Par exemple, les chenilles et les criquets sont populaires en Afrique, les guêpes sont un met de choix au Japon et les criquets sont consommés en Thaïlande. De récents débats ont récemment été consacrés à la possibilité d'inclure des insectes dans la nourriture des animaux d'élevage.[4]

- **Ouvrir de nouveaux espaces de production :** les scientifiques suggèrent que la culture **d'algues**, dans les océans, pourrait permettre d'exploiter de nouveaux espaces pour produire des aliments destinés à la consommation humaine ; cette proposition est intéressante dans un monde caractérisé par une population de plus en plus nombreuse et des pressions grandissantes sur les terres disponibles. Les algues, qui constituent déjà un aliment de base en Asie et au Japon, sont un produit remplissant plusieurs fonctions qui pourrait également être utilisé dans les produits transformés comme les protéines d'insectes.[5]

- **Nouvelles provenances d'aliments : les viandes de culture** produites en laboratoire font l'objet de discussions dans les médias depuis des décennies, mais, en 2013, des scientifiques néerlandais ont réussi à produire des bandes de viandes à partir de cellules souches de vaches, qui ont été surnommées « burger éprouvette »[6]. Les premiers travaux de recherche ont été financés par la NASA en quête d'aliments pouvant être consommés par les astronautes. Les partisans de la viande de culture font valoir que les spécialistes peuvent procéder à une « agriculture de laboratoire » de précision en dosant les besoins nutritionnels, par exemple, en matière grasse. Certains mettent aussi en avant l'argument controversé selon lequel la viande de culture pourrait entraîner une diminution de la demande d'eau et d'énergie tout en réduisant les émissions (sous réserve que ces réductions ne soient pas contrebalancées par l'énergie consommée pour créer de la viande *in vitro*). La **production hydroponique de légumes** est une autre technologie qui pourrait permettre de produire des légumes de haute qualité et d'un rendement élevé avec moins de ressources naturelles. D'après les travaux effectués par le South-African Agricultural

Research, cette méthode pourrait permettre d'économiser de l'eau et des superficies et de réduire la pollution.[7]

- **Nouvelle structure des aliments :** les principes d'une nutrition personnalisée assurée par des capteurs intelligents et des technologies portables et disponibles sont liés à la prédiction que de nouveaux moyens de synthétiser les vitamines et les minéraux pourraient permettre de produire des liquides remplaçant totalement un repas. Soylent[8] en est un exemple, qui prétend qu'il est possible de créer dans un verre un repas équilibré couvrant intégralement les besoins nutritionnels. Ces produits ouvrent des perspectives pour les situations d'urgence ou pour les personnes qui, pour des raisons de santé, ne peuvent pas consommer d'aliments solides.

Un recadrage généralisé de la consommation alimentaire en faveur de régimes plus durables et peut-être plus sains, surtout s'ils accordent une moins grande place aux protéines animales et notamment aux protéines de ruminants, aura d'importantes répercussions sur l'évolution générale des marchés sur et les réalisations dans différents domaines. Il est important de noter que la diminution de la production de viande et, donc, de l'utilisation des prairies et des cultures fourragères libèrerait d'importantes ressources en terres et en intrants. Ces dernières pourraient non seulement servir à accroître la quantité d'aliments disponibles pour les consommateurs pauvres des pays en développement, mais aussi avoir des effets bénéfiques pour la biodiversité ainsi que d'autres variables environnementales. La place plus importante accordée à des aliments végétaux ayant une haute valeur nutritive aurait, de surcroît, des répercussions positives sur la santé des consommateurs et les systèmes de santé nationaux.

Une approche plus globale de la durabilité comprend toutefois aussi la protection des zones sensibles pour la biodiversité et, par conséquent, limite les superficies disponibles pour la production agricole. Bien que la production agricole ne réduise pas nécessairement la biodiversité locale, de telles restrictions exigent d'importants arbitrages, car malgré la baisse de la consommation de protéines animales dans les pays affichant une consommation de viande élevée, l'effet conjoint des différentes mesures sur les disponibilités alimentaires pourrait pénaliser les consommateurs d'Afrique, d'Asie et d'Amérique latine. Selon les résultats du modèle GLOBIOM, les effets négatifs sur la disponibilité calorique d'un passage à un mode de vie plus vert[9] sont comparativement modestes et ne dépassent pas 2.3 % (en Afrique subsaharienne) à l'horizon 2050 dans le scénario *Croissance durable*, contre 7 % dans cette même région dans le scénario *Croissance fragmentée*. En effet, dans le scénario *Croissance durable*, les superficies agricoles s'accroissent bien moins dans les zones sensibles même lorsqu'aucune mesure particulière n'est prise pour protéger ces dernières. Par ailleurs, la disponibilité calorique est plus élevée dans ce scénario, en vertu de quoi les effets négatifs sont plus supportables.

L'adoption de régimes alimentaires plus durables a également des effets secondaires considérables dans d'autres domaines. Il est probable que, par suite de la diminution de la consommation et de la production de produits animaux, les risques associés aux maladies animales s'amenuisent puisque le principal facteur de ces risques, à savoir la densité et la proximité des unités animales, diminue. De même, les émissions de gaz à effet de serre générées par les animaux peuvent diminuer de jusqu'à 30 % dans le scénario Croissance rapide. Étant donné la protection des zones sensibles et la réduction des pâturages qui s'ensuit, les émissions de GES d'origine animale baissent aussi dans le scénario Croissance durable, bien que la diminution globale soit beaucoup plus faible (2 %).

Cela signifie toutefois que les producteurs agricoles ainsi que l'industrie alimentaire devront procéder à des ajustements pour s'adapter à l'évolution de la structure de la consommation et faire face à la diminution des superficies des zones sensibles pouvant être utilisées à des fins de production. Les opérations agricoles spécialisées dans la production de viande de ruminants et celles qui se trouvent dans des zones sensibles seront particulièrement touchées.

L'amélioration de la **gestion des déchets** représente un domaine partiellement lié au mode de vie des consommateurs mais qui implique des changements tout au long de la chaîne d'approvisionnement. Bien qu'il soit difficile d'obtenir des informations précises sur les quantités de produits agricoles perdues ou gaspillées entre le lieu de production et les ménages, et bien qu'il existe très peu de travaux analysant les causes de ces déperditions et les conditions économiques requises pour s'y attaquer véritablement, la plupart des acteurs s'accordent à reconnaître que des progrès substantiels pourraient être réalisés. On peut aussi évoquer ici l'utilisation accrue de la biomasse coproduite avec les denrées destinées à la consommation humaine et animale dans le contexte du développement de la bio-économie.

Davantage de cohérence des réglementations des marchés alimentaires

La comparaison des trois scénarios montre que la coopération internationale contribuera largement à définir l'évolution et les réalisations dans le domaine de l'alimentation et de l'agriculture au cours des prochaines décennies. En particulier, l'échange de biens et services, les méthodes, les idées et les technologies, ainsi que le capital et les investissements, offrent la possibilité d'accroître aussi bien les revenus que la productivité. Ces évolutions présentent des avantages manifestes pour la sécurité alimentaire, mais leurs effets sur les agriculteurs, la biodiversité et les émissions de GES sont plus nuancés.

Les différences entre les réglementations applicables aux aliments entravent de longue date le commerce international des produits agricoles et alimentaires. Si ces réglementations contribuent en règle générale à atteindre d'importants objectifs de politique publique en répondant à toute une gamme de préoccupations sociétales, souvent associées aux défaillances du marché, les différences qui les caractérisent ainsi que leur application engendrent des coûts d'administration, de collecte d'informations, d'évaluation de la conformité, etc.

Des efforts sont actuellement déployés pour accroître la compatibilité et la cohérence des réglementations aussi bien au niveau régional qu'au niveau multilatéral, notamment dans le cadre des organismes normalisateurs internationaux Codex Alimentarius (Codex), de la Convention internationale pour la protection des végétaux (CIPV) et de l'Organisation mondiale de la santé animale (OIE). Il importe toutefois de ne pas confondre cohérence et uniformité des normes, car les conditions et les préférences des consommateurs et des citoyens en matière de protection diffèrent aussi bien à l'échelon régional que national. De plus, les objectifs d'intégration plus poussée des marchés ne doivent pas entrer en conflit avec les efforts nationaux et internationaux en faveur d'une production agricole et d'une filière agroalimentaire plus durables. Il est vrai que les différences qui existent entre les réglementations alimentaires peuvent aussi tenir aux motifs protectionnistes des autorités. Une plus grande cohérence peut avoir l'avantage de faciliter l'accès aux marchés ou aux produits étrangers en intensifiant les échanges internationaux, en renforçant les capacités et en favorisant la propagation de savoirs, en réduisant les coûts des producteurs et des consommateurs et en améliorant les options de gestion en cas de crises telles que des pandémies ou des conflits géopolitiques. Si les organismes chargés de définir les normes internationales sont des acteurs essentiels de la formulation de réglementations plus cohérentes, les normes privées n'ont pas d'appui démocratique et peuvent donc moins refléter les opinions divergentes de toutes les parties dûment concernées.

L'amélioration de la cohérence internationale des réglementations des marchés alimentaires[10] est un important domaine d'intervention publique. L'OCDE (2011a) montre que les coûts des échanges alimentaires dus aux mesures non tarifaires (MNT) sont supérieurs à ceux des droits de douane dans sept des huit régions économiques analysées, l'Inde étant l'unique exception. Les équivalents tarifaires des MNT pour les aliments sont réputés être compris entre 30 % et 70 %. Étant donné l'objectif de politique intérieure des réglementations alimentaires, il ne sera pas possible de toutes les réduire. Il existe différentes formes de coopération réglementaire internationale, qui vont de l'amélioration de la transparence des réglementations en vigueur à l'harmonisation totale des réglementations de tous les pays, qui couvrent les procédures réglementaires, les réglementations, ainsi que leur application et leur respect, et il est important que les responsables des réglementations soient informés de manière plus précise des mécanismes qui doivent être privilégiés dans des affaires réglementaires particulières. Des normes « hiérarchisées » ou « modulaires » peuvent permettre de concilier l'objectif de réduction du coût des échanges et la nécessité d'appliquer des réglementations adaptées aux contextes particuliers des pays.

La réduction des coûts des échanges de produits agricoles par suite d'une amélioration de la cohérence des réglementations des marchés alimentaires et de leur application a pour effet d'abaisser les prix des aliments dans les pays importateurs et de les accroître dans les pays exportateurs. À l'échelle mondiale, elle continue d'améliorer l'allocation des ressources productives entre les pays et les produits, et d'accroître l'offre globale de produits agricoles et alimentaires. Elle aide donc à renforcer la sécurité alimentaire et nutritionnelle en accroissant la quantité d'aliments disponibles dans les régions importatrices, tout en augmentant la rentabilité économique des exploitations agricoles des pays exportateurs. L'ampleur de ces effets diffère selon les scénarios parce que ces derniers supposent des degrés de coopération internationale divers, de sorte que les coûts des échanges associés aux réglementations n'évoluent pas de la même manière. Il est plus important de déployer des efforts supplémentaires pour lutter contre l'hétérogénéité des réglementations dans un monde n'accordant guère d'importance à la coopération internationale en tant que telle. Les gains engendrés par de tels efforts sont par conséquent relativement faibles dans le scénario Croissance rapide.

Les résultats des modèles montrent que, de fait, une réduction des coûts des échanges par suite d'une amélioration de la cohérence des réglementations, peut contribuer à l'amélioration de la sécurité alimentaire dans les régions en développement tout en améliorant les résultats économiques des pays exportateurs de produits alimentaires, bien que les différences entre les résultats produits par les différents modèles soient considérables (graphiques 3.1 et 3.2).

Les impacts de l'amélioration de la cohérence réglementaire sont plus prononcés dans le scénario Croissance fragmentée qui, en l'absence de nouvelles mesures publiques, enregistre une forte hausse des coûts des échanges, notamment entre les grands blocs régionaux, et dans lequel, par conséquent, des efforts visant à accroître la cohérence des réglementations contribuent le plus à réduire ces coûts. Les régions de l'Afrique du Sud et de l'Afrique subsaharienne sont celles qui profitent le plus de telles mesures – la disponibilité calorique pourrait y augmenter de jusqu'à 3.3 % et 2.4 %, respectivement, selon le modèle considéré. Des effets positifs sont également enregistrés dans la plupart des autres régions, bien qu'ils soient généralement faibles. Les avantages sur le plan de la sécurité alimentaire sont, à l'évidence, surtout visibles dans les pays en développement importateurs d'aliments qui alignent leurs réglementations alimentaires. Les régions exportatrices, comme l'Amérique latine, enregistrent un accroissement bien moindre des disponibilités alimentaires puisque les réductions des coûts des échanges bénéficient essentiellement au secteur d'exportation.

Graphique 3.1. Modification de la disponibilité calorique par habitant engendrée par une amélioration de la cohérence des réglementations, 2050

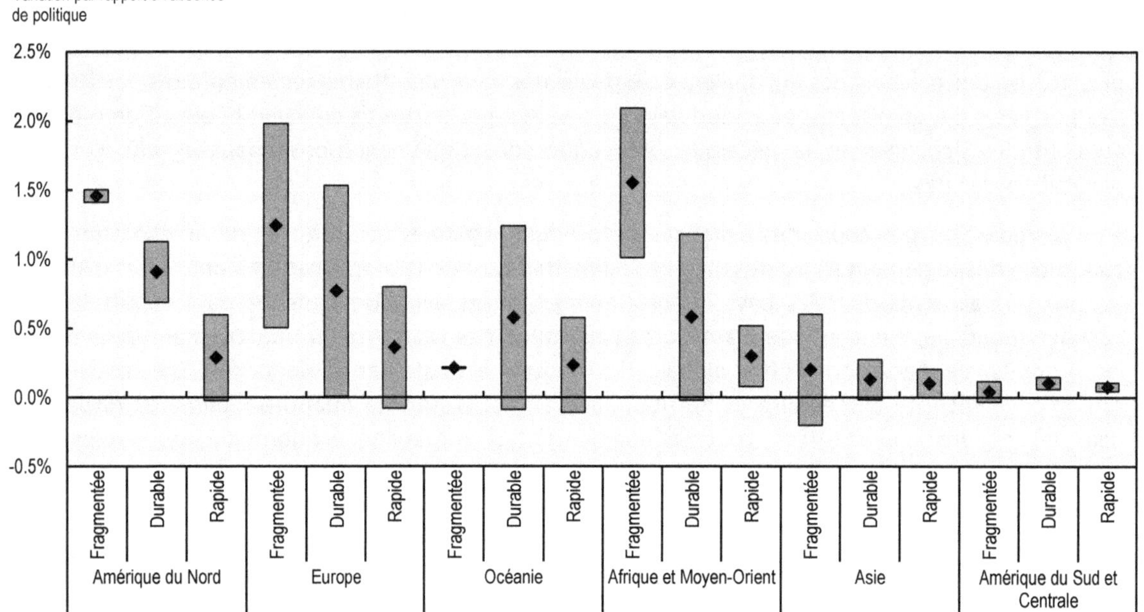

Note : Les réductions des coûts des échanges à l'intérieur des trois grandes régions du monde et entre ces régions sont supposées correspondre respectivement à 5 % et 15 % de la valeur marchande dans le scénario Croissance fragmentée, 10 % et 10 % dans le scénario Croissance durable, et 5 % et 5 % dans le scénario Croissance rapide. Les trois régions du monde sont définies ainsi : Amériques ; Europe, Afrique et Moyen-Orient ; et Asie et Océanie. Les variations qui apparaissent concernent les scénarios respectifs en l'absence de changement de politique. Les barres et les losanges indiquent respectivement l'étendue et la moyenne selon les modèles.

Source : Résultats fournis par les modèles GLOBIOM et MAGNET.

Graphique 3.2. Variation des revenus agricoles par région due à l'amélioration de la cohérence des réglementations, 2050

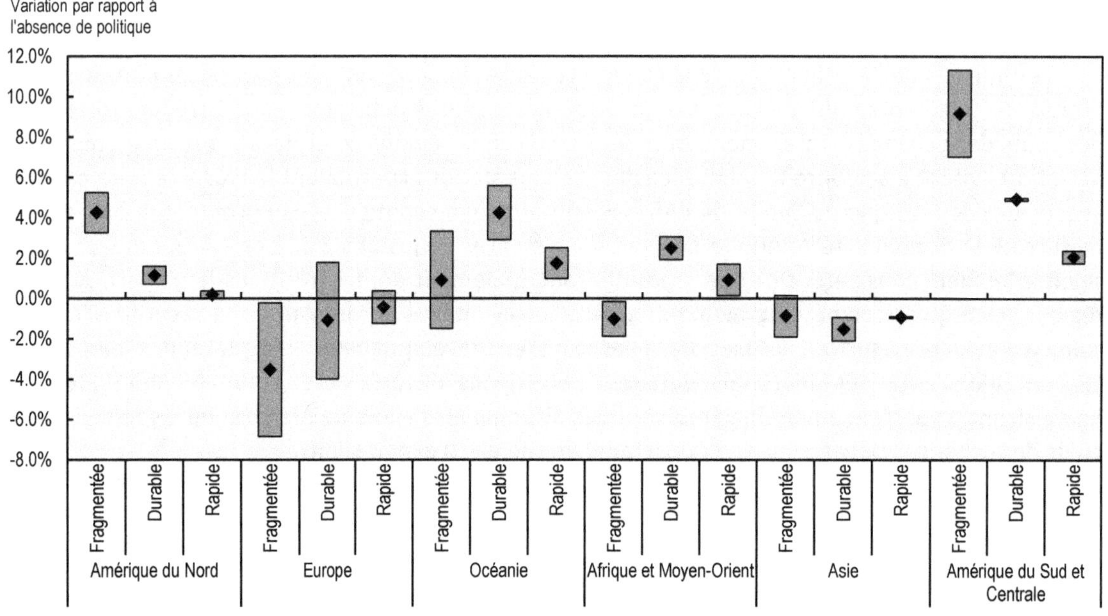

Note : Les réductions des coûts des échanges à l'intérieur des trois grandes régions du monde et entre ces régions sont supposées correspondre respectivement à 5 % et 15 % de la valeur marchande dans le scénario Croissance fragmentée, 10 % et 10 % dans le scénario Croissance durable, et 5 % et 5 % dans le scénario Croissance rapide. Les trois régions du monde sont définies ainsi : Amériques ; Europe, Afrique et Moyen-Orient ; et Asie et Océanie. Les variations qui apparaissent concernent les scénarios respectifs en l'absence de changement de politique. Les barres et les losanges indiquent respectivement l'étendue et la moyenne selon les modèles.

Source : Résultats fournis par les modèles GLOBIOM et MAGNET.

La réduction des coûts des échanges présente d'autres avantages qui ne transparaissent pas dans la disponibilité calorique moyenne. Le système d'échanges, s'il fonctionne bien, a un rôle important à jouer pour amortir les chocs locaux et régionaux du côté de l'offre, par exemple les chocs liés aux phénomènes météorologiques extrêmes ou à des troubles civils, et atténuer leurs effets négatifs sur la sécurité alimentaire (Baldos et Hertel, 2015). L'accroissement de la fluidité des relations commerciales accroît la gamme des aliments offerts aux consommateurs, et leur permet donc d'avoir des régimes alimentaires plus équilibrés, ce qui est important pour améliorer la dimension « utilisation » de la sécurité alimentaire. Par ailleurs, les chocs intérieurs dus, par exemple, à des variations des rendements associés aux conditions météorologiques ou aux ravageurs peuvent être amortis par l'accès aux marchés internationaux, même si la vulnérabilité aux chocs sur les marchés internationaux comme ceux qui se sont produits vers la fin des années 2000, augmente également. Enfin, il est important de noter que même si les pays bénéficient d'une plus grande intégration aux marchés internationaux, cela peut ne pas être le cas pour tous les segments de leur population, du moins à court terme. Par exemple, si l'ouverture des échanges accroît les disponibilités alimentaires dans les pays importateurs, elle peut également réduire les revenus des vendeurs de produits alimentaires sur une base nette, et il peut être nécessaire de prendre des mesures particulières pour aider les ménages qui subissent un préjudice et éviter des situations difficiles (Brooks et Matthews, 2015).

L'Amérique du Sud est le principal bénéficiaire de l'abaissement des coûts des échanges si l'on se base sur les résultats économiques de ses exploitations agricoles (graphique 3.2). Dans le scénario Croissance fragmentée qui, par défaut, se caractérise par l'absence de coopération internationale, par un intérêt limité porté à la cohérence des réglementations alimentaires et, par conséquent, par des coûts des échanges relativement élevés, la diminution de l'hétérogénéité réglementaire peut entraîner une augmentation des revenus moyens agricoles en Amérique du Sud et en Amérique centrale de l'ordre de 9 % d'ici 2050. Selon les résultats, au Brésil, les revenus agricoles moyens augmentent d'environ 12 % en raison de son rôle prédominant d'exportateur agricole. Les gains en ce domaine sont moins prononcés dans le scénario Croissance durable puisque celui-ci accorde moins d'importance aux réductions des coûts des échanges entre les régions du monde qu'à la réduction des coûts des échanges à l'intérieur de ces dernières. Les revenus agricoles pourraient néanmoins augmenter d'environ 5 % en moyenne en 2050 en Amérique du Sud et en Amérique centrale.

D'autres régions bénéficient également de la diminution des coûts des échanges, bien qu'à un moindre degré. Les revenus agricoles en Amérique du Nord profitent essentiellement de la baisse des coûts des échanges en dehors des Amériques, mais les gains générés en Océanie sont dus dans une plus large mesure aux efforts déployés pour faire converger les réglementations à l'intérieur de la région Asie-Océanie, en raison des marchés d'exportation respectifs de ces régions.

Toutefois, la situation des agriculteurs ne s'améliore pas nécessairement dans les régions importatrices, puisque les revenus agricoles diminuent en écho à la baisse des prix. Les revenus agricoles européens pourraient être plus faibles d'environ 4 % dans le scénario Croissance fragmentée, bien que les résultats des deux modèles EGC diffèrent quant à l'ampleur de cette diminution. Les prix, et partant les revenus agricoles, diminuent également en Asie du Sud et en Asie, mais ces effets sont relativement faibles.

Par suite de l'augmentation des revenus agricoles, les salaires versés dans l'agriculture primaire sont plus élevés d'environ 3 % en Amérique du Sud et en Amérique centrale en 2050 que dans le scénario Croissance fragmentée lorsque les réglementations alimentaires sont moins cohérentes et, par conséquent, les coûts des échanges sont plus élevés. Dans le cas de l'Océanie, qui entretient d'étroites relations d'exportation avec l'Asie et, donc, à l'intérieur de cette grande région du monde, les gains les plus importants sont enregistrés pour le scénario Croissance durable. Dans les autres régions, les effets sur les salaires agricoles sont relativement faibles.

Les résultats des modèles ne fournissent d'informations que pour une exploitation agricole moyenne. En réalité, l'hétérogénéité des exploitations au sein d'une même région, si l'on considère la taille des exploitations, le type de production et les marchés visés (exportation ou non), pour ne citer que quelques caractéristiques, garantit que les effets qui s'exercent sur des opérations particulières diffèrent de la moyenne. L'hétérogénéité des réglementations est probablement un obstacle plus insurmontable à la poursuite d'activités d'exportation pour les petites exploitations. Cela signifie que les efforts déployés pour accroître la cohérence de ces réglementations peuvent permettre aux petites entreprises de saisir des opportunités d'exportation qui, sinon, n'existeraient pas.

Graphique 3.3. Variation des salaires agricoles induite par davantage de cohérence des réglementations, 2050

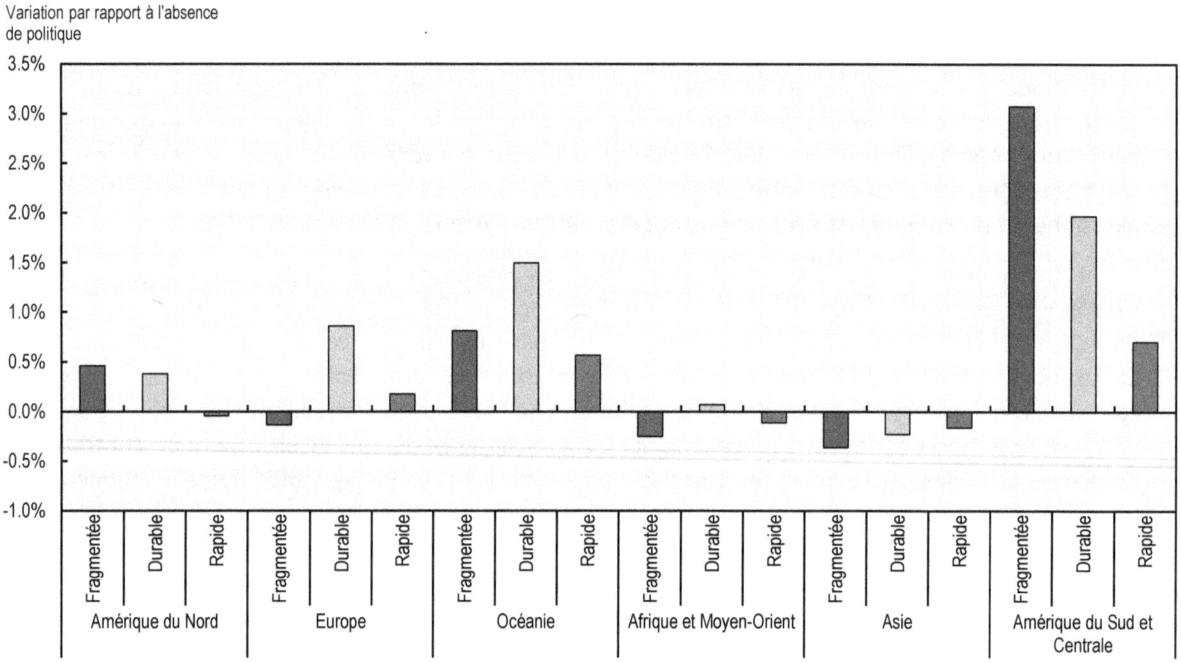

Variation par rapport à l'absence de politique

3.5%
3.0%
2.5%
2.0%
1.5%
1.0%
0.5%
0.0%
-0.5%
-1.0%

Fragmentée | Durable | Rapide — Amérique du Nord
Fragmentée | Durable | Rapide — Europe
Fragmentée | Durable | Rapide — Océanie
Fragmentée | Durable | Rapide — Afrique et Moyen-Orient
Fragmentée | Durable | Rapide — Asie
Fragmentée | Durable | Rapide — Amérique du Sud et Centrale

Note : Les réductions des coûts des échanges à l'intérieur des trois grandes régions du monde et entre ces régions sont supposées correspondre respectivement à 5 % et 15 % de la valeur marchande dans le scénario Croissance fragmentée, 10 % et 10 % dans le scénario Croissance durable, et 5 % et 5 % dans le scénario Croissance rapide. Les trois régions du monde sont définies ainsi : Amériques ; Europe, Afrique et Moyen-Orient ; et Asie et Océanie. Les variations qui apparaissent concernent les scénarios respectifs en l'absence de changement de politique. Les barres et les losanges indiquent respectivement l'étendue et la moyenne selon les modèles.

Source : Résultats fournis par les modèles GLOBIOM et MAGNET.

Croissance durable de la productivité et résilience climatique

L'augmentation de la productivité et l'agriculture durable sont interdépendantes et doivent aller de pair. Une croissance de la productivité suffisante est une condition nécessaire à la viabilité de l'agriculture à long terme. Inversement, la protection et l'utilisation efficace des ressources naturelles, comme la terre, l'eau et les sols, sont nécessaires à une augmentation de la productivité à long terme. L'amélioration des systèmes d'innovation et des pratiques agricoles et, par conséquent, la progression durable de la productivité dépendent fondamentalement de la participation d'une vaste gamme de parties prenantes, parmi lesquelles les autorités nationales, des organisations non gouvernementales, des groupes de réflexion, des instituts de recherche et des laboratoires, des sociétés privées, des agriculteurs et des associations d'exploitants, ce qui implique la collaboration des institutions correspondantes. Les agriculteurs jouent un rôle primordial dans le développement et l'adoption des innovations et ils sont motivés à agir de la sorte par les avantages connexes qu'ils en tirent.

Il est nécessaire de poursuivre toute une gamme d'activités complémentaires pour assurer une croissance durable de la productivité. Il faut avant tout que les autorités nationales assurent des conditions de marché et un cadre réglementaire propices à la conception, à la distribution et à l'application de méthodes et de technologies adaptées. L'environnement ainsi créé doit également permettre aux investisseurs (privés et publics) de cibler leurs choix dans un monde caractérisé par l'incertitude : la disponibilité d'informations pertinentes et l'envoi de signaux de marché non faussés aux décideurs, les activités de prospective et les réseaux associant toutes les parties intéressées revêtent ainsi une grande importance (Lopes, 2012). Si ces conditions dépendent nécessairement de la situation particulière de chaque pays, un certain nombre de déterminants de la productivité et de la durabilité ont néanmoins été recensés (OCDE, 2014b), parmi lesquels l'innovation, les transformations structurelles et l'utilisation des ressources naturelles.

Ces trois facteurs sont influencés par toute une gamme de politiques. De manière générale, ces dernières visent la stabilité du système économique et des institutions, la transparence et la prévisibilité du cadre de l'activité dans lequel les intérêts des investisseurs et de la société doivent être conciliés et l'investissement privé encouragé, la fourniture des services publics nécessaires, et l'offre d'incitations ciblées pour promouvoir l'innovation, les transformations structurelles et une utilisation durable des ressources. Le secteur privé doit jouer un rôle essentiel dans le système des connaissances agricoles, et il doit pouvoir compter à cette fin sur des incitations adéquates pour concevoir et diffuser des informations et des technologies, notamment, mais non exclusivement dans le cadre d'un système équilibré de droits de la propriété intellectuelle (OCDE, 2012b).

L'évolution prévue de la demande globale de denrées alimentaires et d'autres produits d'origine agricole – les différents scénarios ne laissent guère de doute sur le fait que la demande augmentera fortement au cours des prochaines décennies – offre de nombreuses opportunités d'investir dans l'innovation agricole (OCDE, 2013c). En fait, les scénarios décrits et examinés précédemment reposent tous sur la poursuite de l'augmentation de la productivité et de l'innovation (bien qu'à des rythmes différents selon les scénarios et à des rythmes décroissants au cours du temps), et il est évident que, en l'absence de telles améliorations, les résultats des scénarios seraient très différents de ceux qui sont indiqués ici.

Outre les incitations à innover, les politiques agricoles en vigueur dans de nombreux pays revêtent une importance majeure. Les innovations au niveau de l'exploitation peuvent être encouragées par l'élimination des distorsions sur les marchés des intrants et des produits agricoles qui, actuellement, ralentissent les ajustements structurels dans le secteur. De plus, et sans miner la confiance de la société dans le système réglementaire et l'acceptation des méthodes et technologies innovantes, il est important de prendre des mesures pour simplifier les cadres réglementaires et assurer leur neutralité au regard des technologies, de fournir des infrastructures pour les transports, la commercialisation et l'échange d'informations, et de disposer de systèmes d'enseignement et de vulgarisation agricoles pour obtenir les résultats nécessaires du système d'innovation (OCDE, 2013c).

Étant donné l'accroissement des risques associés au changement climatique, il est aussi important de porter attention non seulement à l'augmentation de la productivité (moyenne), mais aussi à l'amélioration de la résilience de la production agricole aux chocs d'origine climatique, notamment en concevant de nouvelles variétés de cultures qui résistent à la chaleur, à la sécheresse ou à des précipitations excessives et aux inondations, et en améliorant et en étendant la couverture des systèmes d'irrigation agricole. Par construction, ces avancées n'ont guère d'impact sur les résultats moyens du marché : les modèles économiques indiquent que, dans le cas du blé, du maïs et du riz, qui sont les principales denrées de base dans de grandes parties du monde, la création de variétés robustes au changement climatique[11] accroît la production mondiale de ces cultures en 2050 de moins de 2 % dans le scénario Croissance rapide qui se caractérise par un important changement climatique, et de bien moins dans le scénario Croissance durable, auquel est associé un changement climatique relativement plus faible ; des systèmes d'irrigation améliorés permettant d'étendre les superficies irriguées sans accroître la consommation d'eau ont des effets plus prononcés sur les cultures à forte intensité d'irrigation comme le riz.[12] Quel que puisse être leur impact sur la production moyenne, de tels progrès permettraient toutefois d'améliorer la résilience du système de production aux chocs induits par le climat et constitueraient d'importants éléments des stratégies d'adaptation au changement climatique (voir également Ignaciuk et Mason-D'Croz, 2014).

Pour assurer une croissance durable de la productivité, il importe également d'envisager de réduire les émissions de GES et d'autres polluants par unité de produit agricole. La dégradation environnementale et l'émission de gaz à effet de serre au-delà de la capacité de stockage non dommageable de l'atmosphère peuvent être considérées comme des formes particulières d'utilisation des ressources naturelles et, plus précisément, des ressources communes (Cochran, 2012). Par principe, la croissance durable de la productivité doit donc prendre en compte ces ressources. En d'autres termes, pour assurer une augmentation durable de la productivité par le biais de la recherche et du développement, de la conception de nouvelles méthodes et technologies et de l'offre d'incitations publiques, il est nécessaire d'adopter une mesure élargie de la productivité qui inclut non seulement la production tarifée des facteurs et des intrants, mais aussi, dans toute la mesure du possible, la consommation et la dégradation des ressources naturelles. De ce point de vue, les travaux actuellement consacrés par l'OCDE à la formulation d'une mesure de la productivité multifactorielle corrigée des incidences environnementales revêtent une importance particulière.

Enfin, la réduction des pertes alimentaires au niveau de l'exploitation et dans les entrepôts est un autre domaine important dans le contexte de la croissance durable de la productivité. Ces données, comme celle des pertes alimentaires le long de la chaîne d'approvisionnement, sont incomplètes et ne se prêtent pas à des comparaisons entre les pays et dans le temps, mais les travaux récemment consacrés par l'OCDE aux pertes et au gaspillage alimentaires en Chine montrent que, en réduisant les pertes de manutention et d'entreposage après la récolte, il serait possible de sensiblement accroître les quantités de nourriture disponibles (Liu, 2014). Si les pertes au niveau de l'exploitation et dans les entrepôts sont souvent dues à des problèmes techniques (par exemple, les technologies utilisées pour les récoltes, des infestations d'insectes et de rongeurs, les moisissures, etc.), les pertes observées dans les pays développés tiennent plus souvent au fait qu'il n'est pas rentable de préserver et d'utiliser certains produits alimentaires disponibles, notamment parce que ces produits ne répondent pas aux normes de qualité établies par les supermarchés qui vendent ces produits au détail (Bond et al., 2013).

Amélioration des infrastructures

Il est essentiel d'améliorer et d'étendre les infrastructures pour pouvoir relier de manière efficace les producteurs et les consommateurs aux marchés et leur fournir les ressources dont ils ont besoin. Les infrastructures physiques comprennent les routes, les ponts, les barrages, les réseaux ferroviaires et autres, qui font le lien avec le système intérieur, ainsi que les installations portuaires et aéroportuaires qui assurent les liaisons avec d'autres pays et marchés. De bons réseaux de TIC contribuent aussi de plus en plus au développement des marchés, notamment ceux de l'alimentation et de l'agriculture.

Les liens entre l'expansion des infrastructures et l'accroissement de la productivité et de la production agricole sont bien établis (voir, par exemple, Hanjra, Ferede et Gemechu Gutta, 2009, et les sources citées dans cette étude). L'amélioration des transports permet de réduire le coût des relations intérieures entre les fournisseurs d'intrants agricoles comme les engrais, les producteurs agricoles, les transformateurs de produits alimentaires et les consommateurs, et celui des liaisons avec les marchés internationaux d'intrants et de produits. Cela a pour effet d'accroître l'efficacité des marchés locaux et nationaux, et partant, de relever les niveaux de revenus des agriculteurs tout en abaissant les prix que doivent acquitter les consommateurs finaux.

Les nouvelles infrastructures physiques doivent être soigneusement conçues de manière à prendre en compte l'évolution future du contexte environnemental et économique, car il est beaucoup plus onéreux de modifier des routes et d'autres infrastructures dures a posteriori que de construire de nouveaux ouvrages. Ce point est d'autant plus important que le changement climatique peut exiger l'ajustement des normes de construction régionales et internationales et, par conséquent, requérir une étroite collaboration interdisciplinaire, par exemple entre l'ingénierie technique et la recherche scientifique. Les investissements dans les projets d'infrastructure, étant nécessairement de longue durée, doivent pouvoir bénéficier de structures de gouvernance stables à différents échelons (généralement locaux, régionaux, nationaux et internationaux) et de financements à long terme. Les investissements privés semblent prendre de l'importance, mais ils peuvent être confrontés à des problèmes de gouvernance, comme l'existence de monopoles pour les infrastructures. En même temps, la nécessité de réunir de multiples intervenants, de travailler avec des structures de gouvernance à plusieurs niveaux et de poursuivre une démarche pluridisciplinaire peut constituer un obstacle majeur au développement des infrastructures dans les régions moins développées.

Les résultats des modèles confirment que les prix des cultures augmentent généralement avec l'amélioration des infrastructures. Ces effets sont toutefois, pour l'essentiel, relativement minimes. Les prix moyens mondiaux à la production des cultures augmentent de moins de 0.3 % en 2050, et ce n'est qu'en Afrique du Sud, où les coûts des produits agricoles associés aux infrastructures sont relativement élevés (GTAP, 2013), que cette hausse pourrait dépasser 1 %. Les différences entre les scénarios sont faibles, car les hypothèses concernant les réductions des coûts entre les produits primaires et les produits transformés sont les mêmes pour les trois scénarios analysés.

Les résultats des modèles confirment également que l'amélioration des infrastructures a pour effet d'abaisser les prix des produits alimentaires transformés. Les baisses de prix, qui vont jusqu'à 2 % à l'échelle mondiale et peuvent dépasser 5 % en Afrique australe, pourraient être nettement plus prononcées que les hausses de prix des produits primaires, ce qui indique que la plupart des avantages semblent revenir aux secteurs en aval et aux consommateurs. Les écarts entre les résultats des modèles sont toutefois relativement importants par rapport à l'ampleur des effets des prix.

L'amélioration des infrastructures a d'autres effets qui, selon les résultats des modèles, sont relativement modestes ; il s'agit notamment de l'impact généralement positif sur la sécurité alimentaire (la disponibilité calorique en 2050 augmente de jusqu'à 1 % en Afrique subsaharienne et en Asie du Sud) et sur les revenus agricoles (qui peuvent s'accroître de jusqu'à 4 % en Afrique du Sud à l'horizon 2050), ce qui entraîne une légère hausse de l'emploi et des niveaux de rémunération. Dans le même temps, toutefois, davantage de terres agricoles sont exploitées dans les zones sensibles, ce qui accroît les pressions sur les forêts et sur d'autres terres sources de biodiversité.

Selon d'autres études, ces résultats pourraient sous-estimer certains effets particuliers. Il ressort, par exemple, d'une analyse des facteurs de déboisement dans le bassin du Congo (Mosnier et al, 2014) qu'une amélioration des infrastructures serait particulièrement profitable aux « cultures qui ont un bon potentiel agronomique dans les zones isolées » (p. 516). Elle permettrait en effet d'accroître la demande de manioc, d'huile de palme, de canne à sucre et de patate douce de 6 % à 15 % ainsi que les exportations de canne à sucre et d'huile de palme, et de réduire les importations d'autres produits alimentaires et, partant, d'améliorer la balance commerciale globale de la région. L'étude fait toutefois aussi valoir que les forêts du bassin du Congo seraient assujetties à des pressions croissantes dues à l'expansion des terres agricoles et à l'amélioration des conditions de transport des grumes et, par conséquent, à l'accroissement de la rentabilité des opérations d'abattage, ce qui aurait des effets négatifs en intensifiant les émissions de GES associés aux forêts. Il est donc important, sur cette base, de prendre des mesures supplémentaires pour éviter les arbitrages négatifs entre le développement agricole et le développement économique, d'une part, et les dommages causés à des écosystèmes sensibles, d'autre part.

Amélioration et élargissement de la portée des systèmes de gestion des risques

La production agricole, comme celle des autres secteurs, est exposée à de nombreux risques qui peuvent émaner, entre autres, des marchés (fluctuations des prix imprévues et volatilité des marchés, par exemple), des conditions climatiques (par exemple, une réduction des rendements par suite de chutes de grêle), de ravageurs et de maladies (par exemple, des maladies animales qui réduisent la productivité de l'élevage, qui tuent les animaux ou qui nécessitent l'abattage de troupeaux), ou de politiques publiques (par exemple, la fermeture de marchés d'exportation par suite d'événements associés à des problèmes SPS ou géopolitiques). Les consommateurs sont également exposés à des risques, qui se manifestent généralement sous la forme de fluctuations imprévues des disponibilités alimentaires ou de prix alimentaires volatils, bien que ce type de menace ne concerne essentiellement que les pays en développement et les ménages pauvres.

Certains de ces risques sont plus ou moins directement liés aux conditions météorologiques, de sorte qu'ils peuvent être aggravés par le changement climatique. D'autres, comme les maladies animales transfrontalières ou la propagation de ravageurs à travers les frontières, peuvent s'intensifier par suite de l'augmentation des échanges internationaux de produits agricoles. Un système d'échanges internationaux fonctionnant de manière harmonieuse peut, par contre, amortir les chocs régionaux et, partant, réduire l'exposition des agriculteurs et des consommateurs au sein de la région. Les risques agricoles futurs dépendront par conséquent de la manière dont les systèmes agricoles et, de manière plus générale, les économies et les politiques évolueront. Les scénarios *Croissance fragmentée*, *Croissance durable* et *Croissance rapide* ont donc vraisemblablement chacun un profil de risque particulier :

- Dans le scénario **Croissance fragmentée reposant sur les énergies fossiles,** le système se caractérise par des événements de grande ampleur, mais de portée régionale induits par le changement climatique, par exemple des sécheresses, des inondations ou des tempêtes. Étant donné l'importance accordée aux marchés nationaux et régionaux, les échanges transrégionaux contribuent relativement peu à la propagation des ravageurs et des maladies. Les risques associés à ces derniers augmentent néanmoins à l'intérieur des régions parce qu'aucune stratégie concertée n'est formulée à l'échelon international pour lutter contre ces menaces biologiques. L'instabilité politique peut accroître les risques à l'échelon local et régional. Par ailleurs, les échanges internationaux de produits agricoles, étant limités, contribuent moins à amortir les chocs.
- Dans le scénario **Croissance durable portée par l'engagement citoyen,** le changement climatique est moins prononcé, de sorte que les chocs associés à ces derniers sont moins fréquents et moins marqués. Étant donné la place réduite accordée à la viande et aux autres produits animaux et, par conséquent, à la moindre densité des systèmes de production animale, les maladies animales risquent moins de se propager au sein des pays et des régions, et comme les échanges internationaux sont moins importants, les pressions exercées par les maladies transfrontalières sont également moins fortes. En revanche, de soudains épisodes d'émergence de nombreux ravageurs peuvent engendrer d'importants chocs régionaux qui ne peuvent pas vraiment être amortis par le système des échanges internationaux et transrégionaux.
- Dans le scénario **Croissance rapide reposant sur la coopération internationale,** les efforts de coopération déployés à l'échelon international pour promouvoir les systèmes de lutte contre les ravageurs et les maladies contribuent à réduire les risques biotiques régionaux, mais, en l'absence de contrôles sanitaires et phytosanitaires supplémentaires aux frontières, de nouveaux ravageurs et maladies peuvent se propager d'un pays à un autre et d'une région à une autre par suite de l'accroissement des volumes des échanges, ce qui fait que ces risques pourraient devenir systémiques. Le changement climatique est aussi porteur de risques abiotiques liés aux

événements météorologiques extrêmes. La présence, dans la filière agroalimentaire, de géants multinationaux pourrait aussi créer des risques systémiques si certaines de ces entreprises venaient à rencontrer de graves difficultés économiques. Les effets de ces chocs sont atténués dans une certaine mesure par les échanges mondiaux de technologies, d'information et de produits.

L'agriculture a donc besoin d'un système de gestion des risques complet et efficace. Un tel système doit inclure les agriculteurs et leurs associations, les compagnies d'assurances et d'autres entités financières, les systèmes de sécurité sociale et les administrations publiques.

Les ménages agricoles doivent assumer la responsabilité des risques commerciaux associés aux fluctuations normales du climat et du marché, à la volatilité normale des prix ou à certains facteurs biotiques. La sélection de technologies de production particulières peut avoir un impact sur l'exposition à des risques particuliers ou sur la capacité de détection précoce et d'atténuation. Les stratégies poursuivies au niveau de l'exploitation pour réduire l'impact économique d'événements déterminés peuvent comprendre différentes mesures de diversification, par exemple des périodes de rotation des cultures plus longues, l'association de cultures et d'élevage, etc. Les ménages agricoles peuvent encore renforcer cette diversification en générant des revenus supplémentaires. Les économies dégagées peuvent contribuer à contrebalancer les baisses de revenus temporaires, de même que les ajustements de la consommation, un emploi supplémentaire en dehors de l'exploitation, des emprunts auprès de voisins, de la famille élargie ou de membres de la communauté (OCDE, 2009).

Les associations agricoles peuvent jouer un rôle important, par exemple, en présentant de manière transparente les options de gestion des risques, en aidant à regrouper les risques et, par conséquent, à réduire l'exposition de chaque agriculteur, et en collectant et en fournissant les données nécessaires à d'autres niveaux de gestion des risques.[13]

Il existe toute une gamme d'options de gestion des risques sur le marché, qu'il s'agisse des risques de marché, liés par exemple à la volatilité des prix, ou des chocs biotiques et abiotiques. Ces options comprennent, notamment, les formations à la gestion des risques destinées aux agriculteurs, les assurances, les activités financières comme les futures et les options, les systèmes bancaires permettant de réaliser des économies et d'effectuer des emprunts, différentes formes d'intégration verticale, la diversification des activités de commercialisation, et différentes formes de sous-traitance.

Enfin, les administrations publiques, à différents échelons, doivent veiller à assurer un cadre institutionnel et des conditions du marché permettant de réduire et d'atténuer les risques. Elles peuvent devoir, entre autres, assurer un cadre macroéconomique stable et porteur, générer des informations et des données pertinentes et donner accès à ces dernières, prendre des mesures de prévention des catastrophes (entre autres pour fournir une protection contre les risques biotiques et abiotiques), maintenir des régimes fiscaux et des systèmes de sécurité sociale viables, etc. En cas d'événements catastrophiques dont la portée dépasse la capacité du marché privé, l'État doit fournir des secours et d'autres aides similaires (OCDE, 2009). Ce dernier type d'intervention ne doit toutefois être envisagé que lorsque les systèmes agricoles et les assurances ne sont pas en mesure de faire face à l'ampleur des événements, par exemple en cas d'inondations, de sécheresses de grande envergure, de séismes, etc. Les interventions publiques menées dans ce type de situation doivent être fonction de seuils de dommages bien définis et suivre des protocoles transparents pour éviter un évincement des mécanismes de gestion des risques régis par le marché, une spécialisation excessive ou une assurance insuffisante des ménages agricoles.

Élaborer des stratégies générales et les mettre en œuvre

Comment ces stratégies générales et celles qui leur sont rattachées peuvent-elles être concrétisées par des mesures pour assurer et accélérer leur mise en œuvre ? Différents acteurs doivent intervenir, et des mesures doivent être prises aussi bien à titre individuel que de manière concertée. La liste des intervenants sort des catégories des parties prenantes qui ont directement participé à la conception et à l'analyse des scénarios de l'OCDE et comprend, notamment, l'industrie privée (le secteur agricole ainsi que les industries en amont et en aval, et notamment le secteur des ventes de détail), la société civile et les ONG connexes, et toute une gamme d'organisations internationales.

Thèmes transversaux

Un certain nombre de thèmes transversaux ont un impact sur la poursuite de diverses stratégies. Il s'agit de la disponibilité de l'information, de la compréhension et de l'évolution des mentalités et des modes de vie, de la poursuite des travaux sur les directives et les normes internationales, de l'importance du principe de subsidiarité et du rôle fondamental de l'éducation.

La disponibilité des informations revêt une importance fondamentale, non seulement pour la formulation et l'application des politiques et des décisions d'investissement, mais aussi pour la détermination des actions à mener et des exigences en matière d'investissement et pour l'évaluation de leurs impacts. Or, dans de nombreux domaines, les données pertinentes manquent, sont incomplètes ou ne sont pas comparables. Les pays en développement ne disposent souvent pas de données à jour et suffisamment détaillées sur les marchés, et ils ont difficilement accès à des systèmes de surveillance et d'alerte précoce, par exemple sur les maladies animales. Les pays en développement comme les pays développés ont des difficultés à obtenir des données dans d'autres domaines, par exemple sur les aliments que les consommateurs consomment effectivement, les raisons pour lesquelles ils le font et la manière dont ils le font. Le gaspillage alimentaire est un autre domaine dans lequel l'obtention de données de meilleure qualité et plus cohérentes faciliterait l'analyse et la prise de décisions. Le secteur des entreprises peut posséder certaines informations nécessaires (les détaillants, par exemple, peuvent collecter des données sur les achats de leurs clients par le biais de cartes de fidélité), et il serait très utile de trouver le moyen de les utiliser tout en respectant la confidentialité des informations et les intérêts commerciaux. L'arrivée des « mégadonnées » dans les secteurs de l'agriculture et de l'alimentation pourrait ouvrir des perspectives intéressantes, notamment pour les prestataires de services. Elle suscite également certains problèmes auxquels devront répondre les pouvoirs publics, concernant par exemple la protection des données et les droits de propriété sur les données, ainsi que le contrôle de l'espace aérien lorsque l'acquisition de données est effectuée par des appareils téléguidés.

Les mentalités et les modes de vie peuvent être tout autant des obstacles au changement que des moteurs de ce dernier. Les consommateurs et les citoyens peuvent se méfier des innovations et de certaines technologies, et les particuliers peuvent sous-évaluer l'importance de la notification des maladies animales. Il est impératif de mieux faire comprendre les avantages de l'innovation tout en raffermissant la confiance des citoyens à travers des débats francs et ouverts sur les risques qu'elle peut présenter, sur la base des preuves scientifiques disponibles et de prendre en compte les différentes approches du principe de précaution adoptées dans les pays. Il conviendra aussi, dans ce cadre, de poursuivre les efforts pour maintenir et améliorer les critères scientifiques, y compris de transparence, en cas de résultats conflictuels notamment. Les efforts devront aussi viser à expliquer les avantages de la notification des maladies animales et d'autres informations. Il est par ailleurs important d'encourager la conduite responsable des entreprises (voir par exemple OCDE, 2011b) et l'investissement socialement responsable au niveau tant national qu'international. La demande de nouveaux produits alimentaires de haute qualité ou de biens non marchands émanant des consommateurs pourrait créer de nouvelles incitations à innover. Il importe en même temps de noter que les modes de vie ne cessent d'évoluer et que de nombreux facteurs, notamment les mesures prises par les autorités publiques et par les entreprises, peuvent influencer leur évolution.

Un certain nombre d'organisations opérant à l'échelon national et international s'emploient déjà à formuler **des directives et des normes internationales**. Ces dernières couvrent différents domaines, notamment les réglementations alimentaires, les maladies animales transfrontalières et les infrastructures à l'épreuve du climat, et ces activités font intervenir des institutions publiques et privées ainsi que des partenariats public-privé. Il importe de mieux définir les meilleures pratiques d'établissement des normes pour piloter ces efforts. La coopération internationale menée dans le but de promouvoir l'harmonisation ou la reconnaissance mutuelle des normes entre les pays ne devrait pas se limiter aux réglementations et aux normes en tant que telles, mais, de plus en plus, couvrir les processus connexes comme les procédures de production de données, d'évaluation des risques et d'évaluation de la conformité. Il importe aussi de mieux collaborer pour aider les petites et moyennes entreprises, notamment dans les pays en développement, qui peuvent éprouver des difficultés à respecter les réglementations de plus en plus complexes en vigueur sur les marchés intérieurs et étrangers.

Il est essentiel de respecter le **principe de subsidiarité** dans tous les domaines de l'action publique pour pouvoir faire face aux défis qui se posent dans le domaine de l'alimentation et de l'agriculture. Il est nécessaire, à cette fin, de définir clairement les responsabilités incombant aux intervenants publics et privés, par exemple dans le domaine des systèmes de gestion des risques. Il importe aussi de déterminer le niveau régional auquel l'action doit être menée, qui dépend dans une très large mesure du type de problème considéré. Par exemple, la performance environnementale de la production agricole a des répercussions qui se font sentir de l'échelon local à l'échelon régional, et les ripostes menées sous forme de mesures, de progrès technologiques ou méthodologiques doivent être établies à l'échelon régional qui convient.

Enfin, pratiquement tous les domaines examinés dans le chapitre précédent sont largement tributaires d'investissements dans l'éducation tant des agriculteurs que de la population générale. Ce thème est lié à celui de la production et de la communication d'informations et, par conséquent, concerne des questions comme la gestion des maladies animales et d'autres risques associés à l'agriculture, l'application de méthodes de production novatrices ou la promotion de régimes alimentaires et d'habitudes de consommation plus durables. L'éducation occupe une place encore plus déterminante dans le développement des sociétés et des économies, notamment, mais pas seulement dans les pays en développement. Comme le montrent les différences entre les trois scénarios, la croissance démographique et le développement économique comptent parmi les facteurs les plus déterminants de l'évolution des marchés agricoles dans les pays en développement et, plus précisément, d'un certain nombre de défis auxquels ces régions continuent d'être confrontées. L'amélioration du niveau d'instruction a un fort impact sur ces macroévolutions.

Qui doit intervenir ?

Les autorités publiques ont un rôle important à jouer à différents niveaux. Elles doivent, notamment, coordonner les politiques relatives à la durabilité et à la sécurité alimentaires, la réglementation et les outils économiques pour remédier aux défaillances du marché, notamment à la non prise en compte du coût des externalités environnementales, le financement et l'orientation des travaux de recherche, le transfert et l'adoption des technologies, et la participation aux efforts menés en coopération dans le domaine de la science et de la recherche. Les autorités publiques doivent également fournir un appui aux expériences novatrices et aux activités de diffusion. Il importe de resserrer les liens entre la politique publique et la recherche, les objectifs stratégiques devant orienter les travaux de recherche pour pouvoir s'appuyer sur les résultats desdites recherches. Les autorités publiques participent activement à l'établissement des normes internationales, un domaine dans lequel il est nécessaire de collaborer plus étroitement. Elles doivent aussi poursuivre des efforts concertés pour limiter le changement climatique, dans l'immédiat dans le contexte de la Conférence des Parties à la CCNUCC, et s'attaquer aux autres grands défis mondiaux concernant l'environnement et la sécurité alimentaire. Les autorités publiques doivent également accroître la transparence et la cohérence de leurs stratégies à long terme, notamment dans le domaine de l'alimentation et de l'agriculture. Les choix politiques reposent sur la dichotomie entre les préférences de la société et les éléments factuels. Pour parvenir à concilier les deux, il convient de disposer d'informations provenant de différents circuits et de les filtrer.

Les instituts de recherche doivent s'employer à améliorer la qualité de leurs travaux de recherche et la mesure dans laquelle ces derniers peuvent servir de base à la formulation de conseils de politique publique. Il est souvent difficile aux responsables de l'action publique d'utiliser les résultats des travaux scientifiques en raison des incertitudes dont ces derniers, et notamment, les modèles quantitatifs, sont entachés.

Il est demandé à **l'OCDE** et à **son Secrétariat** d'adapter leurs conseils sur l'action à mener en fonction des différents pays et régions, en prenant en compte leur degré de développement et d'autres caractéristiques. Il leur incombe de formuler des conseils audacieux, notamment dans le domaine des politiques d'innovation. Il importe aussi, de plus en plus, de combler les écarts existants entre les conseils sur l'action à mener à court terme et à long terme, ainsi qu'entre les conseils de politique générale et leur application pratique. Étant donné leur couverture plurisectorielle et plurinationale, les travaux du Secrétariat de l'OCDE revêtent de l'importance pour les responsables nationaux, et nombre des activités qu'il a entreprises sont jugées pertinentes pour la préparation aux défis qui devront être relevés dans le domaine de l'alimentation et de l'agriculture. Il s'agit notamment de la fourniture systématique d'informations sur les marchés et les politiques et de travaux portant sur des questions particulières, comme les systèmes d'innovation agricole, les normes privées et les réglementations publiques concernant l'alimentation et l'agriculture. Il sera de plus en plus important, dans certains domaines, de continuer de collaborer avec d'autres organisations internationales et d'intensifier le dialogue avec différentes parties prenantes.

Un certain nombre de responsabilités importantes incombent au **secteur privé**. Le secteur de l'alimentation et de l'agriculture contribue de manière essentielle à tirer la croissance de la productivité et la durabilité dans le cadre défini par les politiques publiques. Il exerce cette fonction dans des domaines comme la recherche et le développement, et la fourniture et le partage de données et d'informations. Les entreprises du secteur doivent également jouer un rôle important dans le domaine de l'information des consommateurs, ce qui fait de l'industrie alimentaire un partenaire essentiel de l'État.

Au sein du secteur privé, il faut que **le monde agricole** assume ses responsabilités dans divers domaines, notamment la gestion des risques, l'innovation et la gestion de la qualité. Les agriculteurs doivent s'adapter à un environnement qui évolue à divers égards par suite des conditions climatiques, économiques et politiques. L'éducation de base et la formation continue jouent donc un rôle important dans le secteur agricole.

Enfin, une large gamme d'autres **structures, processus et forums** ont été recensés, qui poursuivent des travaux portant sur les défis qui se poseront à long terme dans le domaine de l'alimentation et de l'agriculture. Il s'agit notamment d'organismes de fixation des normes, d'organisations internationales (par exemple, la Banque mondiale, la FAO, l'OMC, le PNUE), de groupes de recherche agricole régionaux et internationaux (par exemple le Groupe consultatif pour la recherche agricole internationale et l'Alliance mondiale de recherche sur les gaz à effet de serre en agriculture), des communautés économiques régionales constituées dans différentes parties du monde, et plusieurs initiatives et partenariats privés internationaux. Il est important de noter qu'un certain nombre d'autres activités prospectives dans le domaine de l'alimentation pourraient permettre de procéder à d'utiles échanges d'idées avec les responsables de travaux consacrés par l'OCDE à l'évolution à long terme de l'alimentation et de l'agriculture.

Saisir les opportunités est un défi

L'avenir de l'alimentation et de l'agriculture reste imprévisible, mais les scénarios formulés et analysés précédemment font ressortir un certain nombre de défis. Ces derniers sont déjà visibles, pour l'essentiel, mais leur évolution future sera conditionnée par un grand nombre de facteurs déterminants. Les scénarios permettent de mieux comprendre les relations entre ces facteurs et ces défis, ainsi que les liens entre les défis eux-mêmes, bien qu'aucun des scénarios proposés n'ait plus de chance de se réaliser que les autres, et que, à l'évidence, de nombreux autres scénarios aient pu être imaginés et étudiés.

L'examen des scénarios a également permis de faire ressortir diverses possibilités d'action, non seulement par les intervenants publics, mais aussi par l'industrie privée, la société civile et les particuliers. Il existe d'amples possibilités de modifier les réalisations du système d'alimentation et d'agriculture au cours des prochaines décennies. Dans bien des cas, les stratégies proposées sont des stratégies robustes, qui ont des effets positifs dans différents domaines quel que soit le scénario considéré, et qui n'ont, au pire que des effets secondaires limités, même si l'ampleur des avantages qu'ils procurent dépend des conditions régionales, climatiques, économiques et autres. Au nombre de ces stratégies sans regret figurent des mesures visant à promouvoir une croissance durable de la productivité, qui concernent notamment des activités de recherche et développement, un cadre institutionnel porteur et des échanges d'idées et de technologie au plan international. L'adoption systématique de modes de vie et de consommation plus durables pourrait, à l'instar de la croissance de la productivité, libérer des ressources rares en ralentissant la rapide progression de la demande de produits agricoles et alimentaires.

D'autres stratégies font intervenir des arbitrages. L'amélioration des infrastructures rurales et régionales dans les pays en développement est un facteur essentiel du développement de ces pays, et elle aide à établir des liaisons entre les centres de production et de consommation éloignés des marchés nationaux et internationaux et à donner une forte impulsion au développement économique, aussi bien du secteur agricole que des autres secteurs. Ces infrastructures peuvent toutefois avoir des coûts environnementaux directs et indirects, notamment en accroissant les incitations à abattre les arbres et à modifier l'utilisation des terres. De même, l'intensification du commerce international de produits alimentaires et agricoles contribue à améliorer l'efficacité de l'utilisation de ressources mondiales, cependant, outre que l'intensification des transports peut avoir des coûts environnementaux, les échanges peuvent aussi aggraver les risques liés aux maladies animales transfrontalières, aux ravageurs ou aux espèces envahissantes, et accroître la nécessité de systèmes de sécurité alimentaire adaptés. De plus, les risques liés à l'indivis mondial peuvent être exacerbés si l'implication et les engagements des pays en faveur d'une planète durable ne sont pas les mêmes et si les mécanismes de gestion internationale n'accompagnent pas l'ouverture des échanges. Dans pratiquement tous les scénarios et dans pratiquement toutes les stratégies publiques, les agriculteurs doivent s'adapter et les transformations structurelles continuent de caractériser le paysage sectoriel.

De quelle manière serait-il possible de rendre les différents scénarios plus opérationnels et de réduire le plus possible les effets secondaires négatifs ? Les travaux menés par l'OCDE, en plus des autres efforts déployés dans ce domaine, font ressortir un certain nombre de décisions axées sur le court et le moyen terme qui permettraient d'améliorer les résultats du système agricole et alimentaire. Certains de ces processus sont déjà mis en œuvre ou sont inscrits au programme des négociations internationales :

Dans de nombreux domaines, les politiques en vigueur continuent de constituer des obstacles à l'obtention des résultats souhaités dans le système alimentaire et agricole. Ces politiques peuvent être particulières au secteur agricole, comme les mesures entravant les modifications structurelles nécessaires, les échanges agricoles ou d'importantes innovations et leur application généralisée, ou elles peuvent concerner d'autres secteurs, comme les soutiens qui sont sources de distorsions, par exemple le soutien à la consommation d'énergies fossiles. Elles ont souvent des objectifs particuliers, comme le développement rural ou la réduction de la pauvreté qui pourraient être visés plus efficacement par des mesures plus ciblées. D'autres actions publiques, comme la promotion d'utilisations à des fins non alimentaires de produits de la biomasse, d'origine agricole ou non, devraient donner lieu à un examen de leur contribution à la réalisation des objectifs déclarés, compte tenu des pressions exercées sur les ressources naturelles.

D'autres ajustements des politiques publiques sont inscrits au programme international. Des efforts sont déployés au plan international et régional pour améliorer les règles régissant les échanges internationaux. Il est important d'accroître la fluidité des relations commerciales sans compromettre les objectifs nationaux légitimes ayant trait à l'innocuité des aliments, à la protection de l'environnement et à d'autres domaines pour tirer pleinement parti des avantages comparatifs. La poursuite d'une action concertée pour relever les défis environnementaux, essentiellement dans le domaine des émissions de gaz à effet de serre et du changement climatique, pourrait permettre de réaliser d'importants progrès dans le domaine de ressources communes comme l'atmosphère et sa capacité d'absorption des polluants.

Les intervenants publics et privés doivent étroitement collaborer dans certains domaines. Par exemple, l'OCDE (2012b) indique un certain nombre de domaines du système de connaissance et d'innovation agricoles dans lesquels, bien que le secteur public et l'industrie privée aient, chacun, des attributions particulières, la formation de partenariats entre ces deux types d'intervenants peut créer des synergies. Étant donné les contraintes de plus en plus lourdes qui pèsent sur les budgets publics, le financement de la recherche et développement devra être assuré en partie par le secteur privé, notamment (mais non exclusivement) par le biais de prélèvements sur les revenus agricoles. La conception de nouvelles méthodes et technologies doit, de surcroît, déboucher sur leur diffusion et leur application généralisée : il faut que les agriculteurs et le secteur privé participent aussi bien à la conception qu'à l'application d'approches novatrices et notamment à la démonstration des avantages qu'elles peuvent procurer.

Veiller à maintenir la capacité d'adaptation

Parce qu'il est difficile de prévoir les défis qui se manifesteront à l'avenir et qu'il est probable que des « inconnues connues » surviendront, qui engendreront des perturbations ou des changements imprévus des trajectoires, les stratégies aussi bien publiques que privées doivent être suffisamment souples pour pouvoir s'ajuster à de nouveaux faits. Il est probable que l'apport de nouvelles connaissances modifiera les perspectives et les attentes relatives à un certain nombre des incertitudes recensées, entre autres, dans le cadre de ce rapport. Par exemple, les écarts entre les résultats des différents modèles économiques tiennent fondamentalement à l'hypothèse concernant la facilité ou le coût de la mise en production agricole de nouvelles superficies ou du changement de type d'utilisation agricole. Davantage de travaux pluridisciplinaires, associant des scientifiques, des économistes et des spécialistes d'autres domaines, doivent être menés pour pouvoir mieux comprendre cette question de portée régionale et, il faut espérer que des informations de meilleure qualité et plus concluantes deviendront disponibles dans les années qui viennent. Le développement de nouvelles technologies ou de nouveaux modèles d'activité, ou le changement des habitudes alimentaires sont d'autres exemples de questions qui méritent d'être étudiées plus en détail. Outre ces facteurs déterminants, des événements soudains et imprévus d'origine naturelle ou humaine peuvent perturber les évolutions, et il est donc important de les considérer sous différents angles (Encadré 3.1).

Les scénarios formulés et utilisés par l'OCDE jouent donc un rôle crucial en remettant en cause les vues et les hypothèses établies – et en étant eux-mêmes remis en cause. Les stratégies et les mesures prises en vue de leur application doivent être de vaste portée et audacieuses, mais les autorités publiques doivent éviter de verrouiller une trajectoire particulière qui les empêcherait de réagir à de nouvelles informations ou évolutions. Il en va de même pour les initiatives privées, bien que le secteur privé ait une plus grande expérience de la méthode des scénarios et soit probablement mieux préparé à faire face à un environnement évolutif.

Encadré 3.1. Une gamme (peut-être très) importante d'événements perturbateurs qui ne sont pas couverts de manière explicite par cette étude

De nombreux autres facteurs et événements possibles auraient pu être pris en considération dans le cadre de la conception et de l'examen des scénarios. Il s'agit, en particulier, d'interruptions soudaines et dramatiques des évolutions et d'événements appelés « cygnes noirs » : des événements inconnus dont la nature, le lieu, la date, l'ampleur et les impacts ne peuvent pas être précisément déterminés, souvent parce qu'ils ne se sont pas produits durant l'histoire écrite ou, s'ils se sont produits, parce que le contexte dans lequel ils pourraient avoir un impact sur les sociétés s'est fortement modifié. Ces événements peuvent engendrer de fortes perturbations temporaires (mais de grande envergure), ou provoquer des ruptures dans les évolutions en cours et, par conséquent, modifier de manière générale les trajectoires futures. Il est possible d'imaginer un certain nombre de ces événements auxquels font référence de temps à autre les médias ou les milieux universitaires. Les plus importants sont les catastrophes naturelles d'envergure planétaire et des transformations radicales de la situation économique mondiale. Mais il existe bien d'autres types d'événements possibles, par exemple une éruption volcanique majeure.

Les grandes éruptions volcaniques peuvent avoir de fortes répercussions à l'échelon local et régional dues aux dommages directement causés par les coulées pyroclastiques et les pluies de cendres qui leur font suite. Ils peuvent aussi provoquer des tsunamis qui causent d'importants dégâts dans des zones côtières pouvant être très éloignées du site de l'éruption. Les éruptions majeures ont aussi des conséquences indirectes à plus longue échéance qui peuvent comprendre des perturbations du trafic aérien régional ou mondial et, par conséquent, des chaînes d'approvisionnement, ce qui peut nuire bien plus aux économies que les dommages initiaux. Ainsi que l'a montré l'éruption du volcan Eyjafjallajokull en Islande en 2010, pourtant d'importance relativement mineure dans l'histoire volcanique, les pertes enregistrées par les compagnies d'aviation peuvent rapidement atteindre des milliards de dollars, et les dommages économiques indirects peuvent se chiffrer à des montants bien supérieurs et toucher des régions beaucoup plus vastes, sinon le monde entier. À plus long terme, les émissions de soufre dans l'atmosphère peuvent réfléchir d'importantes proportions des radiations solaires, et provoquer un refroidissement des températures à la surface de la planète, lequel peut avoir de fortes répercussions sur la production et l'offre de produits agricoles régionale et mondiale. L'éruption du Tambora en Indonésie en 1815, la plus puissante éruption des temps modernes, avait provoqué une baisse moyenne des températures durant l'été de l'année suivante d'environ 1°C à l'échelle de la planète, avec des écarts régionaux beaucoup plus importants. Les températures terrestres, en particulier, avaient chuté à peu près deux fois plus, et les précipitations avaient diminué de jusqu'à 4 % en 1816. Cette éruption avait notamment eu pour conséquence de provoquer d'importantes pénuries alimentaires dans différentes parties du monde (The Economist, 2015).

Il est une autre possibilité, qui n'est pas réellement prise en compte dans les scénarios considérés dans cette étude, à savoir celle d'une transformation beaucoup plus importante, temporaire ou permanente, des marchés de l'énergie. Par exemple, selon certains analystes, si la période actuelle qui se caractérise par de faibles prix du pétrole et d'autres combustibles fossiles se prolonge, d'importants investissements dans l'extraction de pétrole, de gaz et de charbon pourraient être suspendus. Une telle mesure aurait pour effet de renforcer les tendances dues au relèvement des cibles de réduction d'émission et à l'amélioration du rendement des carburants. Il semble donc qu'il faille craindre que l'absence d'investissements à l'heure actuelle crée le risque d'une hausse considérable des prix de l'énergie à moyen terme (Randall, 2014).

Au nombre des autres événements qui pourraient avoir des répercussions à l'échelle de la planète figurent la propagation du terrorisme au-delà de régions circonscrites, la défaillance d'importantes économies, et des pandémies.

Principales conclusions

Principales observations concernant l'alimentation et l'agriculture

- Selon les scénarios examinés dans le présent rapport, la phase de fléchissement des **prix agricoles** réels observée durant la deuxième moitié du XXe siècle pourrait être terminée. Toutefois, si certaines études consacrées à l'avenir de l'agriculture font valoir que les marchés mondiaux pourraient être durablement exposés à de fortes pressions de nature à provoquer une hausse sensible des prix alimentaires, les scénarios de l'OCDE anticipent des hausses de prix plus limitées. Ce résultat est toutefois fonction des caractéristiques particulières des trois scénarios et de leur quantification, et ne constitue donc pas une projection contredisant d'autres conclusions. Les trajectoires des prix diffèrent selon le scénario considéré et les modèles utilisés : ni les trois scénarios, ni les quatre modèles retenus ne doivent être considérés comme représentatifs d'autres scénarios et modèles.

- L'effondrement des prix agricoles réels semble aujourd'hui enrayé, mais il n'est pas dit pour autant que la **sécurité alimentaire** générale doive se dégrader fortement. En fait, certains des déterminants de l'amélioration de la sécurité alimentaire, notamment la croissance économique et la constitution de classes moyennes plus importantes dans les pays émergents et en développement, pourraient contribuer à porter les prix à un niveau supérieur à la tendance historique à long terme. Toujours est-il que les résultats de l'examen des scénarios effectué dans le cadre de cette étude font apparaître d'importantes variations entre ces scénarios, en termes d'importance et de rapidité des progrès vers la sécurité alimentaire. Les progrès accomplis dans un scénario de croissance fragmentée, qui peut être considéré comme un scénario de laisser-faire n'accordant guère d'importance à la durabilité ou à la coopération internationale, seraient bien trop limités. La coopération internationale et la croissance durable de la productivité, de même que la réduction des pertes et gaspillages alimentaires, occupent une place essentielle dans les réponses apportées au problème de l'insécurité alimentaire dans le monde. Afin de pallier les instabilités évoquées dans les trois scénarios, il conviendra de se doter de systèmes de gestion des risques améliorés pour faire face à la volatilité des marchés et des prix et de systèmes capables de réduire l'insécurité alimentaire transitoire.

- L'augmentation des revenus par habitant contribue également à accroître la variété et la complexité des **régimes alimentaires**, notamment en Afrique et en Asie, où la consommation de produits animaux et de produits végétaux à plus forte valeur ajoutée s'accroît au détriment des cultures de base comme les légumes racines et les céréales. Cette évolution est plus prononcée dans le scénario Croissance rapide, dans lequel la croissance des revenus est plus forte, ce qui devrait améliorer l'état nutritionnel et sanitaire des consommateurs au-delà de l'amélioration de l'apport énergétique. Dans le même temps, les risques qu'entraînent une suralimentation et la consommation grandissante de viande, de sucre et de matières grasses peuvent faire augmenter les risques sanitaires dans un nombre croissant de pays, notamment dans le monde en développement, ce qui pourrait nécessiter des ajustements des modes de vie et d'alimentation.

- La fin de la période de dépression des prix agricoles devrait offrir aux agriculteurs du monde entier d'importantes opportunités et entraîner, sous réserve que la productivité continue d'augmenter, une hausse des **revenus agricoles**. Cette assertion vaut tout particulièrement pour les régions riches en terres, mais également en Asie où la productivité et les revenus agricoles sont inférieurs à ceux observés dans d'autres régions. Les possibilités de croissance dans la plupart des régions industrialisées sont, en revanche, plus limitées. Le secteur agricole devra en outre procéder à d'importants ajustements pour s'orienter vers des cultures plus durables.

- Malgré ces perspectives relativement positives, la viabilité économique des exploitations agricoles restantes sera très largement fonction des **transformations structurelles** opérées dans le secteur agricole. L'agriculture devrait continuer de peser toujours moins lourd dans le PIB et dans l'emploi, la main-d'œuvre étant principalement réorientée vers les services et les industries de transformation hors agroalimentaire. Ce processus, qui est à la fois la résultante et la cause de la productivité agricole, est plus prononcé dans les scénarios Croissance rapide et Croissance durable. Dans le même temps, la viabilité et le bien-être des zones rurales revêtent une importance capitale pour les gouvernements dans tous les pays.

- Dans les scénarios Croissance fragmentée et Croissance rapide, l'expansion des terres agricoles et l'accroissement de l'utilisation d'intrants, notamment dans les pays en développement et émergents, exposent **les écosystèmes et les habitats** sensibles à de graves menaces et peuvent provoquer d'importantes pertes de biodiversité. Même dans le scénario Croissance durable, qui prévoit une forte réduction de la demande de viande et d'autres produits animaux, la superficie des forêts d'Afrique subsaharienne et d'Amérique latine continue de diminuer en l'absence de mesures de protection déterminées, mais plus lentement que dans les deux autres scénarios. Les conclusions sont similaires pour les **émissions agricoles de GES et d'autres polluants** qui continueront d'augmenter, mais plus lentement que la production agricole, et comparativement moins vite dans le scénario Croissance durable.

- Bien qu'il apparaisse moins important que d'autres facteurs pour le développement des marchés agricoles et alimentaires mondiaux et pour les résultats connexes, le **changement climatique** peut être porteur de risques élevés aux échelons régional et local et accroître la variabilité des conditions climatiques et, par conséquent, de la productivité et des prix. Si les efforts ne sont pas intensifiés pour lutter contre le changement climatique et atténuer ces effets négatifs, l'accélération de la croissance économique – qui est essentielle à l'amélioration du sort de milliards de pauvres – accroîtra probablement les émissions de GES et aura donc des effets préjudiciables sur la capacité de production du secteur agricole.

- **Les maladies animales transfrontalières** demeurent une menace pour l'agriculture mondiale, en particulier dans les scénarios Croissance fragmentée et croissance rapide, où la consommation de viande est importante. Il en va de même pour la sécurité des aliments, compte tenu de l'intensité d'utilisation des intrants agricoles et, notamment, dans le scénario Croissance rapide, de la longueur et du caractère multinational des chaînes alimentaires. Les entreprises agroalimentaires seront de plus en plus responsables du traçage des ingrédients et de l'innocuité des aliments vendus aux consommateurs. Les risques liés à la sécurité des aliments et aux maladies transfrontalières peuvent être légèrement moindres dans le scénario Croissance durable parce que la production animale y est moins importante, l'utilisation d'intrants agricoles plus réduite et les chaînes d'approvisionnement alimentaire plus courtes et plus locales. En l'absence de coopération internationale en matière de réglementation et de contrôle alimentaires, ces risques restent cependant élevés.

Les options pour améliorer les résultats

- **L'avenir des systèmes alimentaire et agricole passe par une croissance durable de la productivité.** Le développement durable et l'amélioration de la productivité agricole vont de pair. Les pouvoirs publics devraient réexaminer les politiques en vigueur et reconsidérer les mesures qui font en réalité obstacle à une croissance durable de la productivité et aux ajustements qui s'y rapportent. Figurent parmi elles les mesures à l'origine de distorsions qui empêchent ou ralentissent l'amélioration de l'allocation des facteurs de production entre régions, secteurs ou entreprises. Le soutien à l'utilisation d'énergie fossile et d'autres intrants gourmands en énergie dans la production agricole en est un exemple parlant. La croissance durable de la productivité nécessite aussi que le système d'innovation agricole fonctionne bien et fasse intervenir les acteurs aussi bien privés que publics. De plus, si le changement structurel n'est pas une fin en soi, il est démontré qu'il est un facteur essentiel de la croissance de la productivité. Enfin, pour mieux mesurer la croissance durable de la productivité, il faut prendre en compte l'utilisation des ressources naturelles, notamment des ressources communes comme l'eau douce, et les émissions de GES et d'autres polluants. Le développement d'indicateurs, comme la *productivité multifactorielle corrigée des incidences environnementales*, notamment dans le cadre des travaux consacrés par l'OCDE à la croissance verte, revêt une importance cruciale à cet égard.

- **Les possibilités d'améliorer les performances de l'alimentation et de l'agriculture ne reposent pas sur les seules politiques agricoles.** Pour bâtir des stratégies plus robustes, il sera en effet nécessaire de diversifier l'action et d'intervenir notamment au niveau des activités en amont et en aval et de l'économie générale, et dans des domaines comme l'éducation, la santé, l'environnement et les infrastructures à l'épreuve du changement climatique, pour ne citer que ceux-là. Il est donc indispensable de veiller à la cohérence des mesures prises dans les différents domaines, en mettant l'accent sur le caractère pluridisciplinaire des défis à relever.

- **L'engagement du secteur privé sera de plus en plus important pour compléter les mesures prises par les pouvoirs publics.** Si l'action publique est essentielle pour installer le cadre institutionnel et réglementaire requis, remédier aux défaillances du marché et investir dans les biens et services publics, les entreprises privées, les agriculteurs, les chercheurs, les consommateurs et la société civile ont aussi un rôle à jouer. La conduite responsable des entreprises et l'investissement socialement responsable joueront un rôle déterminant au plan national et international. De nombreux domaines stratégiques, comme la recherche, le développement et la vulgarisation, la production et la diffusion de données, la fourniture d'informations pertinentes aux consommateurs à l'appui de choix fondés et responsables, et la gestion des risques agricoles, font intervenir des entités publiques et privées. Les agriculteurs, par exemple, doivent élaborer, essayer et adopter de nouvelles méthodes, technologies et formes d'intégration horizontale et verticale, qui sont des éléments importants de la croissance durable de la productivité. Quant à eux, les transformateurs de produits alimentaires et les détaillants doivent contribuer à une communication efficace, le long de la chaîne alimentaire, au sujet des capacités d'approvisionnement et des attentes du marché. Les consommateurs, enfin, peuvent jouer un rôle par l'intermédiaire de leurs décisions d'achat, tandis que les citoyens peuvent influencer les processus politiques. Cependant, pour que l'action de tous ces acteurs soit coordonnée et constructive, il faudra améliorer les systèmes de coopération et de communication.

- **Les systèmes de gestion des risques agricoles doivent être améliorés, et leur utilisation étendue**. Les systèmes de gestion des risques, y compris des systèmes assuranciels et bancaires, ainsi que la mise en place de systèmes de sécurité sociale et fiscaux fiables et adaptés, seront de plus en plus indispensables pour gérer la volatilité des marchés résultant d'une multitude de chocs imputables aux conditions météorologiques, à l'action publique ou aux technologies. Les ménages agricoles, les associations d'agriculteurs, les assureurs, les autres institutions financières et les pouvoirs publics ont tous un rôle à jouer dans l'amélioration et la diffusion de ces systèmes.

- **Les modes de vie et les mentalités propres aux régions et aux pays doivent être pris en compte dans les stratégies pour accélérer la transition vers des modes de vie et des structures de consommation plus durables.** Tous deux peuvent opposer d'importants obstacles au changement, c'est-à-dire à l'adoption de nouvelles technologies ou de nouveaux produits par les consommateurs. Cependant, ils peuvent aussi être un moteur du changement, comme on le voit dans les pays industrialisés où de larges pans de la population s'attachent de plus en plus à la qualité des aliments qu'ils consomment et à la durabilité des processus de production. Tous les acteurs doivent participer aux actions visant à accélérer cette transition vers des modes de vie plus durables, et celles-ci doivent être adaptées aux modes de vie et aux mentalités propres aux régions et aux pays.

- **La coopération internationale peut et doit progresser encore dans divers domaines**, notamment concernant des éléments du patrimoine mondial comme le climat et la durabilité, le commerce international, la cohérence des réglementations et le bon fonctionnement des marchés mondiaux, la R-D et la diffusion internationale des progrès techniques, etc. L'effort de recherche international doit se concentrer non seulement sur la croissance durable de la productivité, mais aussi sur la compréhension des liens fondamentaux entre les variables physiques (concentrations de GES dans l'atmosphère et changement climatique, par exemple), biologiques (productivité végétale et animale dans différentes conditions agroclimatiques, par exemple) et comportementales (réaction à long terme des consommateurs à d'importantes variations des niveaux de revenus, par exemple). Une collaboration à l'échelon international axée sur la croissance peut permettre le progrès dans de nombreux domaines, mais il est nécessaire qu'elle s'accompagne d'une collaboration dans les domaines de la durabilité et des programmes sociaux en particulier.

- **Il est nécessaire de poursuivre l'analyse des politiques ayant un impact dans ces domaines.** Il s'agit de privilégier en particulier les travaux en cours sur les politiques agricoles, leur mesure et leur évaluation, et notamment sur la façon dont elles favorisent ou entravent les ajustements dans ce secteur ; sur les politiques intéressant la croissance durable de la productivité, y compris le développement et l'amélioration du cadre d'innovation et la mesure de la productivité durable dans le contexte de la croissance verte ; sur les mesures en faveur d'une plus grande ouverture aux échanges et leurs avantages, notamment la coopération internationale en matière de réglementation, etc.

- Enfin, **les scénarios examinés dans le présent rapport devraient continuer d'être enrichis, affinés et mis à l'épreuve**, à l'OCDE et ailleurs, avec la participation de tous les acteurs concernés. Ils devront, dans la mesure du possible, être « régionalisés », voire même « nationalisés » pour pouvoir déboucher sur des conseils plus adaptés aux spécificités de chacun. Il y a deux raisons à cela. Premièrement, la plupart des problèmes prioritaires auxquels l'agriculture sera confrontée évolueront de façon différente d'une région à une autre et dans le temps, du fait de perturbations climatiques, géopolitiques et autres. Il apparaît nécessaire de procéder à une analyse plus détaillée des actions possibles en tenant compte des réalités économiques, sociales, politiques et autres dans les différents pays. Deuxièmement, il importe de poursuivre l'étude des questions relatives à l'hétérogénéité qui existe au sein des sociétés et de leurs secteurs agricoles, à la structure des chaînes de valeur, à la volatilité des marchés et aux chocs subis par les systèmes alimentaires et agricoles, et ces questions peuvent souvent être mieux étudiées dans des contextes davantage limités aux régions mais plus détaillés.

Notes

1. Les grands domaines stratégiques ont été déterminés avant et durant le premier atelier de l'OCDE consacré aux scénarios à long terme pour l'alimentation et l'agriculture qui s'est tenue à Paris en 2013. Ces stratégies ont fait l'objet d'un examen plus détaillé lors du deuxième atelier de l'OCDE sur les scénarios à long terme tenu à Paris en 2014.

2. Deuxième atelier de l'OCDE sur les scénarios à long terme pour l'alimentation et l'agriculture, Paris, 2014.

3. Selon une récente analyse de l'OCDE, malgré l'attention portée par les médias et le public à cette question, l'ampleur précise et la structure du gaspillage alimentaire le long de la chaîne d'approvisionnement alimentaire sont toujours mal comprises. Si les données relatives aux pertes d'aliments au niveau des ménages sont relativement fiables, les données couvrant d'autres maillons de la chaîne d'approvisionnement continuent d'être insuffisantes (Bagherzadeh, Inamura et Jeong, 2014). Les résultats d'études de cas portant sur le Japon et le Royaume-Uni indiquent que la réduction des pertes d'aliments et des déchets constitue un important objectif stratégique dans ces deux pays depuis un certain nombre d'années. Le gaspillage alimentaire au sein des industries alimentaires a diminué dans les deux pays, mais, si les déchets alimentaires des ménages ont diminué de 15 % au Royaume-Uni, aucune modification du gaspillage alimentaire n'a pu être observée dans le cas des consommateurs japonais. Ces résultats indiquent que, malgré d'importantes possibilités, la réduction des déchets, en particulier au niveau des ménages, demeure un objectif stratégique difficile à atteindre (Parry, Bleazard et Okawa, 2015).

4. Voir : http://www.bbc.com/future/story/20140603-are-maggots-the-future-of-food.

5. Voir : www.forbes.com/sites/amywestervelt/2012/05/04/forget-fuel-algae-could-help-feed-the-world.

6. Voir : www.bbc.com/news/science-environment-23576143.

7. Voir : www.arc.agric.za/arc-vopi/Pages/Crop%20Science/Hydroponic-Vegetable-Production.aspx.

8. Voir : www.soylent.me.

9. Des détails sur le déroulement des différentes expériences stratégiques sont présentés dans l'annexe C.

10. Comme cela est exposé plus en détail ci-dessous, la cohérence doit normalement être envisagée à la fois entre les pays et entre les régions du monde, comme moyen de faciliter le commerce international, et entre les objectifs stratégiques afin d'améliorer l'efficacité et l'efficience des politiques. Cette section met l'accent sur l'amélioration de la cohérence entre les pays et les régions.

11. Les simulations indiquent qu'un tiers des dégâts d'origine climatique causés aux récoltes (spécifiques aux scénarios, aux régions et aux cultures) pourraient être évités.

12. Cette expérience suppose une amélioration de 20 % de l'efficacité de la consommation d'eau et le recyclage des eaux économisées dans les nouvelles zones irriguées. Voir l'Annexe 1.A2 pour une description des différentes expériences stratégiques.

13. Deuxième atelier de l'OCDE sur les scénarios à long terme pour l'alimentation et l'agriculture, Paris, 2014.

Références

Bagherzadeh, M., M. Inamura et H. Jeong (2014), « Food Waste Along the Food Chain », *Documents de l'OCDE sur l'alimentation, l'agriculture et les pêcheries*, n° 71, Éditions OCDE, Paris, http://dx.doi.org/10.1787/5jxrcmftzj36-en.

Baldos, U.L.C. et Th.W Hertel (2015), « The role of international trade in managing food security risks from climate change », *Food Security,* vol. 7, n° 2, pp. 275-290, Springer, Pays-Bas, http://link.springer.com/article/10.1007/s12571-015-0435-z.

Bond, M. et al. (2013), *Food Waste Within Global Food Systems*, Global Food Security Programme, disponible à l'adresse : http://www.foodsecurity.ac.uk/assets/pdfs/food-waste-report.pdf.

Brooks, J. et A. Matthews (2015), « Trade Dimensions of Food Security », *Documents de l'OCDE sur l'alimentation, l'agriculture et les pêcheries*, n° 77, Éditions OCDE, Paris, http://dx.doi.org/10.1787/5js65xn790nv-en.

Cochran, I. (2012), « On the Commons and Climate Change: Collective Action and GHG Mitigation », *CDC Climate Research Working Paper*, n° 2012-13, disponible à l'adresse : http://www.cdcclimat.com/IMG/pdf/12-07_cdc_climat_r_wp_12-13_commons_and_climate_change-2.pdf.

Foresight (2010), *Workshop Report: W4 Expert Forum on the Reduction of Food Waste: The Government Office for Science*, Londres. Disponible à l'adresse : http://s3.amazonaws.com/zanran_storage/www.bis.gov.uk/ContentPages/2374836301.pdf.

GTAP (2013), *GTAP Version 8.1* (base de données), février 2013, www.gtap.agecon.purdue.edu/databases/v8/default.asp (consulté en juillet 2014).

Hanjra, M.A., T. Ferede et D.G. Gutta (2009), « Reducing Poverty in Sub-Saharan Africa through Investments in Water and Other Priorities », *Agricultural Water Management*, vol. 96, n° 7, pp. 1062–1070, Elsevier, http://dx.doi.org/10.1016/j.agwat.2009.03.001.

Ignaciuk, A. et D. Mason-D'Croz, (2014), « Modelling Adaptation to Climate Change in Agriculture », *Documents de l'OCDE sur l'alimentation, l'agriculture et les pêcheries*, n° 70, Éditions OCDE, Paris, http://dx.doi.org/10.1787/5jxrclljnbxq-en.

Liu, G. (2014), « Food Losses and Food Waste in China: A First Estimate », *Documents de l'OCDE sur l'alimentation, l'agriculture et les pêcheries*, n° 66, Éditions OCDE, Paris, http://dx.doi.org/10.1787/5jz5sq5173lq-en.

Antônio Lopes, M. (2012), « The Brazilian Agricultural Research for Development (ARD) System », in OCDE, *Improving Agricultural Knowledge and Innovation Systems: OECD Conference Proceedings*, Editions OCDE, Paris, http://dx.doi.org/10.1787/9789264167445-27-en.

Moomaw, W. et al. (2012), *The Critical Role of Global Food Consumption Patterns in Achieving Sustainable Food Systems and Food for All, A UNEP Discussion Paper*, Programme des Nations Unies pour l'environnement, Division de la technologie, de l'industrie et de l'économie, Paris. Disponible à l'adresse : http://fletcher.tufts.edu/CIERP/~/media/Fletcher/Microsites/CIERP/Publications/2012/UNEP%20Global%20Food%20Consumption.pdf.

Mosnier, A. et al. (2014), « Modeling Impact of Development Trajectories and a Global Agreement on Reducing Emissions from Deforestation on Congo Basin Forests by 2030 », *Environmental Resource Economics*, vol. 57, n° 4, pp. 505-525, Springer, Pays-Bas, http://dx.doi.org/10.1007/s10640-012-9618-7.

OCDE (2014a), *Perspectives économiques de l'OCDE, vol. 2014/2*, n° 96, novembre 2014, Éditions OCDE, Paris, http://dx.doi.org/10.1787/eco_outlook-v2014-2-fr.

OCDE (2014b), *Analysing Policies to Improve Agricultural Productivity Growth, Sustainably*, Draft Framework, Éditions OCDE, Paris, www.oecd.org/tad/agricultural-policies/Analysing-policies-improve-agricultural-productivity-growth-sustainably-december-2014.pdf.

OCDE (2012a), *Perspectives de l'environnement de l'OCDE à l'horizon 2050 : Les conséquences de l'inaction,* Éditions OCDE, Paris. DOI: http://dx.doi.org/10.1787/env_outlook-2012-fr.

OCDE (2012b), *Improving Agricultural Knowledge and Innovation Systems: OECD Conference Proceedings*, Éditions OCDE, Paris, http://dx.doi.org/10.1787/9789264167445-en.

OCDE (2012c), *Les systèmes d'innovation agricole: Cadre pour l'analyse du rôle des pouvoirs publics*, Éditions OCDE, Paris, http://dx.doi.org/10.1787/9789264200661-fr.

OCDE (2011a), « The Impact of Trade Liberalisation on Jobs and Growth: Technical Note », *Documents de travail de l'OCDE sur la politique commerciale*, n° 107, Éditions OCDE, Paris, http://dx.doi.org/10.1787/5kgj4jfj1nq2-en.

OCDE (2011b), *OECD Guidelines for Multinational Enterprises: Responsible Business Conduct Matters*, Éditions OCDE, Paris, https://mneguidelines.oecd.org/MNEguidelines_RBCmatters.pdf.

OCDE (2009), *Gestion des risques dans l'agriculture. Une approche holistique*, Éditions OCDE, Paris. DOI: http://dx.doi.org/10.1787/9789264075337-fr.

Parry, A., P. Bleazard et K. Okawa (2015), « Preventing Food Waste: Case Studies of Japan and the United Kingdom », *Documents de l'OCDE sur l'alimentation, l'agriculture et les pêcheries,* n° 76, Éditions OCDE, Paris. http://dx.doi.org/10.1787/5js4w29cf0f7-en.

Randal, T. (2014), « Bankers see $1 trillion of zombie investments stranded in the oil fields », *Bloomberg Business*, 18 décembre 2014, www.bloomberg.com/news/articles/2014-12-18/bankers-see-1-trillion-of-investments-stranded-in-the-oil-fields#news/articles.

The Economist (2015), « After Tambora », *The Economist*, 11 avril 2015, www.economist.com/news/briefing/21647958-two-hundred-years-ago-most-powerful-eruption-modern-history-made-itself-felt-around.

UNRISD (2011), « Emerging Governance in the Transition to a Green Economy: A Case Study of Public Sector Food Procurement in Brazil », Genève : Institut de recherche des Nations Unies pour le développement social, Genève, www.unrisd.org/80256B3C005BE6B5/search/5FE39DD0008CDBBDC125793B0044E218?OpenDocument.

ANNEXES

Annexe A

Modèles utilisés pour quantifier les scénarios et tester les stratégies

Quatre modèles économiques mondiaux, à savoir deux modèles d'équilibre général calculable (EGC) et deux modèles d'équilibre partiel (EP), ont été retenus pour quantifier les principaux éléments des différents scénarios et de simuler certaines options stratégiques afin d'analyser leurs effets potentiels sur les systèmes alimentaire et agricole. Ces modèles sont présentés ci-dessous.

ENVISAGE Le modèle d'équilibre général appliqué sur la durabilité et l'impact environnemental (Environmental Impact and Sustainability Applied General Equilibrium – ENVISAGE) est un descendant des modèles conçus dans les années 1980 à l'Université Stanford, à l'Université Libre de Bruxelles et à l'OCDE. La Banque mondiale l'a mis au point en 2007 en recodant son modèle LINKAGE. Il est spécialement conçu pour analyser les questions relatives au changement climatique, il utilise donc une ventilation détaillée du secteur de l'énergie, comprend un module climatique (avec possibilité de réaliser une évaluation intégrée) et modélise les rétroactions de l'impact du changement climatique. La version actuelle utilise la base de données GTAP v.8 (avec 2007 comme année de référence) et permet de procéder à une agrégation souple des 57 produits de base GTAP, dont 22 sont des produits agricoles et alimentaires. De plus amples détails sur ENVISAGE figurent dans van der Mensbrugghe (2010).

GLOBIOM Le modèle de gestion de la biosphère mondiale (Global Biosphere Optimization Model – GLOBIOM) a été élaboré par l'Institut international pour l'analyse des systèmes appliqués (IIASA) qui l'utilise depuis la fin des années 2000. Ce modèle d'équilibre partiel représente différentes activités terrestres, relevant notamment des secteurs de l'agriculture, de la foresterie et de la bioénergie. Il s'agit d'un modèle ascendant : les informations sur les coûts biophysiques et techniques sont fournies par des données détaillées, organisées en mailles. Cette structure détaillée permet de prendre en compte un vaste ensemble de paramètres environnementaux. La démarche de modélisation d'équilibre spatial consiste à représenter les échanges bilatéraux sur la base de la compétitivité des coûts. Le modèle a été, au départ, développé pour procéder à des évaluations intégrées des politiques d'atténuation du changement climatique dans les secteurs terrestres, notamment le secteur des biocarburants, mais il est de plus en plus utilisé pour effectuer des projections pour les marchés des produits agricoles et du bois d'œuvre et analyser l'impact économique du changement climatique et de l'adaptation à ses effets. Pour plus d'informations sur le modèle GLOBIOM consulter Havlík et al. (2011, 2014).

IMPACT Depuis sa création par l'Institut international de recherche sur les politiques alimentaires (IFPRI) au début des années 1990, le modèle international pour l'analyse des politiques des produits de base et des échanges agricoles (International Model for Policy Analysis of Agricultural Commodities and Trade – IMPACT) a pour objet de simuler les liens entre la production d'une cinquantaine de produits de base agricoles et la demande et la sécurité alimentaires au niveau national dans des scénarios prévisionnels. Aux fins de la présente analyse, la production s'effectue dans le cadre d'environ 320 unités de production (basées sur des bassins hydrographiques), les cultures irriguées et les cultures pluviales donnant lieu à une analyse distincte. Comme la plupart des autres modèles d'équilibre partiel, IMPACT repose sur une approche fondée sur les échanges nets : il ne tient pas compte des flux commerciaux bilatéraux et des importations et exportations d'un même bien et, exception faite des écarts entre les prix induits par les politiques publiques et les marges de commercialisation, il suppose que les prix sont pleinement répercutés d'un marché à un autre. De plus amples détails sur le modèle IMPACT figurent dans Rosegrant et al. (2012).

MAGNET Élaboré par LEI (qui fait partie de Wageningen-URL), le modèle d'équilibre général appliqué modulaire (Modular Applied GeNeral Equilibrium Tool – MAGNET) est particulièrement utilisé pour traiter de questions touchant à l'agriculture depuis le milieu des années 1990. Les politiques agricoles, les politiques commerciales, les marchés à facteurs hétérogènes et les progrès technologiques (OGM, propagation des connaissances) sont autant de domaines ciblés. La longue coopération entre LEI et l'Agence d'évaluation environnementale des Pays-Bas (PBL) créatrice du modèle d'évaluation de l'impact biophysique du changement climatique IMAGE (Eickhout et al., 2009), a conduit à une réorientation du modèle MAGNET vers l' analyse à long terme, s'agissant notamment de l'utilisation des terres et des rendements endogènes. Le modèle a récemment été élargi pour inclure les biocarburants de première génération, les engrais et l'application des politiques REDD. Malgré sa complexité, MAGNET permet de procéder avec souplesse à des agrégations entre régions et produits. Il utilise la base de données GTAP v.8, avec 2007 comme année de référence, ainsi que d'autres données actualisées ayant 2004 et 2007 pour années de référence. Des précisions le modèle MAGNET figurent dans Woltjer et Kuiper (2014)

Références de l'annexe A

Eickhout, B. et al. (2009), « The impact of environmental and climate constraints on global food supply », in *Economic Analysis of Land Use in Global Climate Change Policy*, sous la direction de T. Hertel, S. Rose et R. Tol, Routledge, États-Unis, www.routledge.com/products/9780415773089.

Havlík, P. et al. (2011), « Global land-use implications of first and second generation biofuel targets », *Energy Policy,* vol. 39, pp. 5690-5702, Elsevier, www.sciencedirect.com/science/article/pii/S030142151000193X.

Havlík, P. et al. (2014), « Climate change mitigation through livestock system transitions », *Proceedings of the National Academy of Sciences of the United States of America*, vol. 111, pp. 3709-3714, www.pnas.org/content/111/10/3709.full.

Rosegrant, M. W., et IMPACT Development Team (2012), *International Model for Policy Analysis of Agricultural Commodities and Trade (IMPACT) Model Description*, Institut international de recherche sur les politiques alimentaires, Washington, http://ebrary.ifpri.org/cdm/ref/collection/p15738coll2/id/127162.

Van der Mensbrugghe, D. (2010), *The Environmental Impact and Sustainability Applied General Equilibrium (ENVISAGE) Model*, Banque mondiale, Washington, http://siteresources.worldbank.org/INTPROSPECTS/Resources/334934-1314986341738/Env7_1Jan10b.pdf.

Woltjer, G.B. et M. H. Kuiper (2014), *The MAGNET Model: Module Description*, LEI Report 14-057, LEI Wageningen UR (University & Research centre), Wageningen, http://edepot.wur.nl/310764.

Annexe B

Quantification des scénarios et tests des stratégies

Quantification des scénarios

Pour quantifier les scénarios, qui sont décrits brièvement, il est nécessaire de générer des données quantitatives sur différentes variables pour toutes les régions couvertes par les différents modèles. Pour des raisons pratiques, et pour éviter de sortir de la sphère qui peut être jugée raisonnable, les données des variables du modèle sont donc générées à partir d'autres scénarios existants, comme ceux mis au point par le Groupe d'experts intergouvernemental sur l'évolution du climat (GIEC) ou d'autres organismes de recherche. Il s'agit des variables ci-dessous :

- Population totale
- Revenu par habitant (c'est-à-dire, PIB total divisé par la population totale)
- Croissance de la productivité agricole, décomposée en :
  - Croissance intrinsèque du rendement des cultures
  - Croissance intrinsèque du rendement des prairies
  - Gains d'efficience alimentaire en production animale
  - Effets du changement climatique sur les rendements des cultures et des prairies
- Prix de l'énergie et des engrais
- Politiques sur les biocarburants de première génération
- Structure de la demande alimentaire
- Coûts des échanges dus aux différences entre les réglementations des marchés alimentaires

Les trois scénarios présentent des similitudes avec certains des scénarios conçus par le GIEC et peuvent être reliés à différentes trajectoires d'émission également appelées profils représentatifs d'évolution de concentration (RCP). Plus précisément, le scénario « Croissance fragmentée reposant sur les énergies fossiles » (scénario Croissance fragmentée) peut être relié au scénario d'évolution socioéconomique du GIEC SSP4 (fortes inégalités), conjugué au RCP 4.5 (émissions modérées), le scénario « Croissance durable portée par l'engagement citoyen » (scénario Croissance durable) peut être relié au scénario SSP1 (développement durable), conjugué au RCP 2.6 (émissions faibles) et le scénario « Croissance rapide reposant sur la coopération internationale » (Croissance rapide) peut être lié au profil SSP5 (développement de type classique), conjugué au RCP 8.5 (émissions élevées)[1]. Les scénarios de l'OCDE s'appuient toutefois sur des projections d'évolution différentes de celles utilisées dans les scénarios du GIEC. Cette annexe présente les ajustements effectués et les méthodes choisies. En outre, elle décrit brièvement les projections d'évolution.

Croissance démographique

Les projections démographiques s'appuient sur les scénarios SSP cités plus hauts, pour lesquels tant les projections de population que de PIB ont été quantifiées (IIASA/OCDE, 2013).

Graphique B.1. Projections démographiques par grand groupe régional, 2010-2050

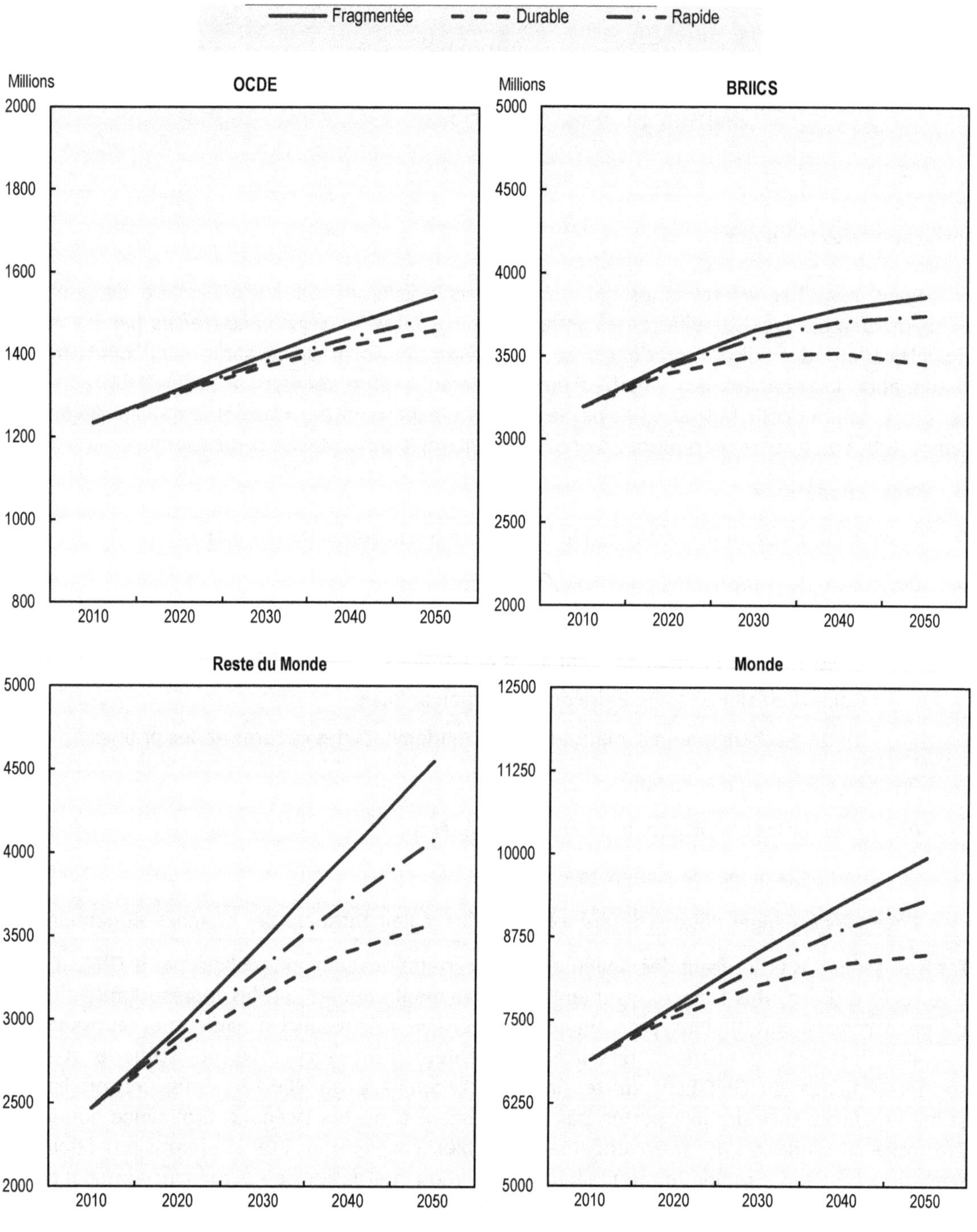

Note : Composition des grands groupes régionaux : OCDE : ensemble des pays membres de l'OCDE (34) ; BRIICS : Brésil, Fédération de Russie, Inde, Indonésie, Chine et Afrique du Sud ; Reste du monde : tous les pays sauf OCDE et BRIICS ; Monde : ensemble des pays du monde. L'échelle varie d'une partie à l'autre.

Source : Calculs effectués à partir de IIASA/OCDE (2013) à l'aide des formules figurant dans cette annexe.

Le scénario *Croissance fragmentée* pose en hypothèse une croissance démographique relativement plus rapide que celle utilisée dans le modèle SSP4. Par conséquent, les données démographiques pour chaque grand groupe régional sont calculées à partir de SSP4 et du scénario retenant des hypothèses démographiques plus élevées, à l'aide des formules ci-après :

- OCDE : SSP4 * (1+ (SSP5/SSP4-1) * 0.7) [SSP5 est le scénario supposant la plus forte croissance démographique pour la plupart des pays membres de l'OCDE]
- BRIICS : SSP4 * (1+ (SSP3/SSP4-1) * 0.7) [SSP3 est le scénario supposant la plus forte croissance démographique pour la plupart des pays du groupe BRIICS]
- Reste du monde : SSP4 * (1+ (SSP3/SSP4-1) * 0.7) [SSP3 est le scénario supposant la plus forte croissance démographique pour le groupe Reste du monde dans son ensemble]

Le scénario *Croissance durable* s'avère suffisamment proche de SSP1 pour que ce scénario utilise les données démographiques de SSP1 sans modification.

Le scénario *Croissance rapide* suppose une croissance démographique relativement soutenue, bien que moins rapide que celle fixée par hypothèse dans le scénario *Croissance fragmentée*. Par conséquent, il s'appuie sur les données démographiques de SSP5 ajustées à l'aide des formules suivantes :

- OCDE : SSP5 * (1+ (SSP4/SSP5-1) * 0.5)
- BRIICS : SSP5 * (1+ (SSP3/SSP5-1) * 0.5)
- Reste du monde : SSP5 * (1+ (SSP3/SSP5-1) * 0.5)

Les calculs présentés ci-dessus reviennent à utiliser les moyennes pondérées entre le scénario SSP associé au scénario de l'OCDE en question et un autre scénario SSP faisant intervenir une croissance de la population plus rapide. Le graphique B.1 présente les projections démographiques ainsi obtenues pour les groupes OCDE, BRIICS et Reste du monde. La population totale du groupe OCDE devrait s'accroître de 18 % à 25 % entre 2010 et 2050. Sous l'effet de la contraction de la Chine, la population du groupe BRIICS augmenterait dans une moindre mesure (de 10 % à 18 %) et diminuerait même entre 2040 et 2050 dans le scénario *Croissance durable*. Quant à la population du Reste du monde, elle devrait au contraire augmenter plus rapidement et s'accroître de 45 % à 84 % entre 2010 et 2050.

Croissance du revenu par habitant

Comme dans le cas de la population, les hypothèses en matière de croissance du revenu reposent sur les scénarios SSP existants. Pour chacun des scénarios, *Croissance fragmentée*, *Croissance durable*, *Croissance rapide*, les données concernant le PIB par habitant sont celles du scénario SSP associé, à savoir respectivement SSP4, SSP1 et SSP5. Elles sont utilisées sans ajustement.

Le graphique B.2 ci-après montre que le revenu par habitant varie davantage selon les groupes régionaux et selon les scénarios que la population. Ainsi, d'après les hypothèses retenues, le revenu mondial par habitant s'accroîtrait de 117 % à 181 % entre 2010 et 2050. Les groupes BRIICS et Reste du monde enregistreraient les plus forts taux de croissance avec les plus grands écarts selon les scénarios. En outre, malgré une nette progression du revenu par habitant dans ces deux groupes régionaux, les écarts par rapport à la moyenne de l'OCDE resteraient importants : le revenu moyen du groupe BRIICS représenterait entre 21 % et 32 % du revenu des pays de l'OCDE en 2050 et celui Reste du monde entre 11 % et 22 %, contre 9 % en 2010 pour ces deux grands groupes régionaux.

Graphique B.2. Projections de PIB par habitant par grand groupe régional, 2010-2050

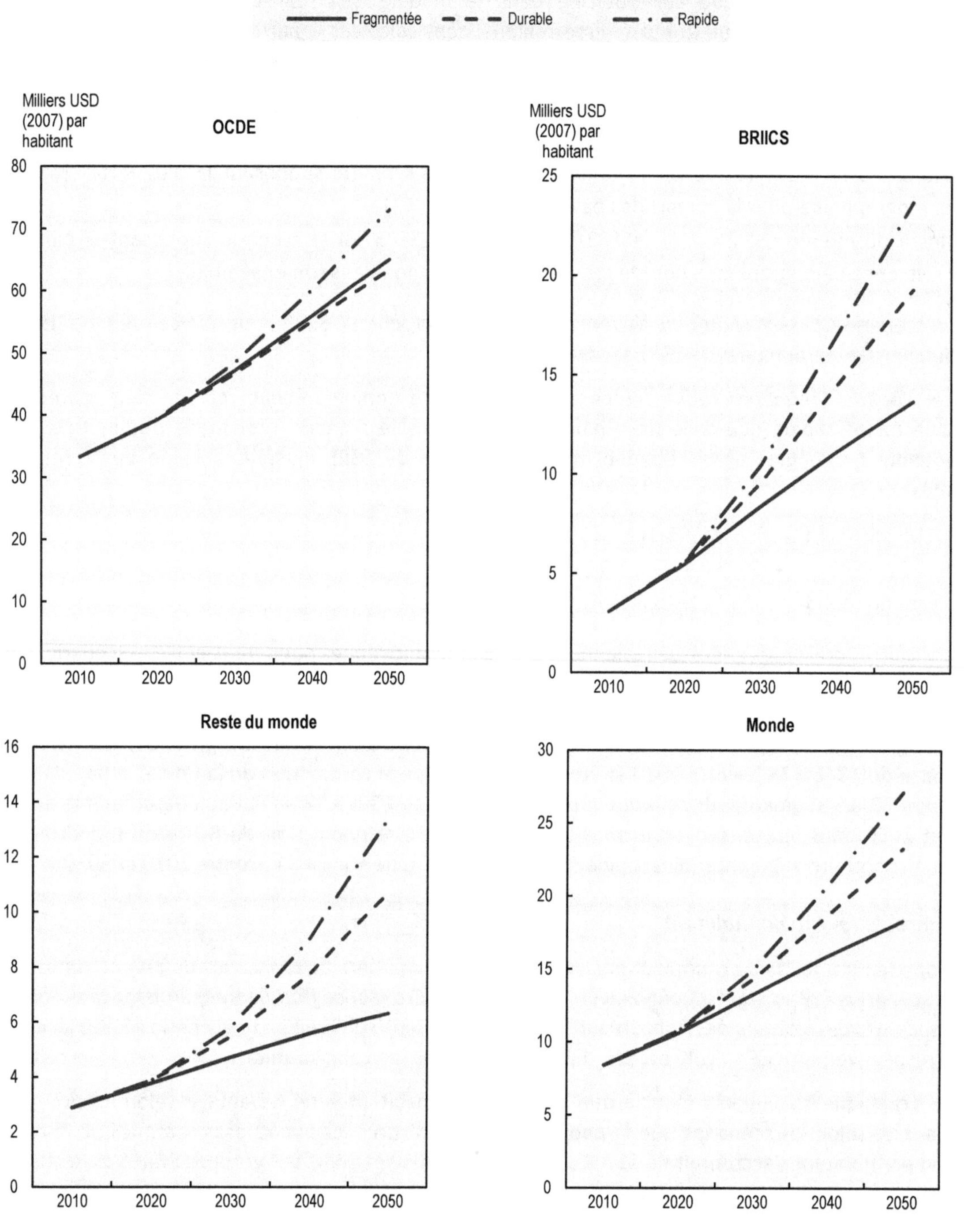

Milliers USD (2007) par habitant

OCDE

0, 10, 20, 30, 40, 50, 60, 70, 80

2010, 2020, 2030, 2040, 2050

Milliers USD (2007) par habitant

BRIICS

0, 5, 10, 15, 20, 25

2010, 2020, 2030, 2040, 2050

Reste du monde

0, 2, 4, 6, 8, 10, 12, 14, 16

2010, 2020, 2030, 2040, 2050

Monde

0, 5, 10, 15, 20, 25, 30

2010, 2020, 2030, 2040, 2050

Note : Composition des groupes régionaux : OCDE : ensemble des pays membres de l'OCDE (34) ; BRIICS : Brésil, Fédération de Russie, Inde, Indonésie, Chine et Afrique du Sud ; Reste du monde : tous les pays sauf OCDE et BRIICS ; Monde : ensemble des pays du monde. Revenus : en dollars (2007) au taux de change du marché. L'échelle varie d'une partie à l'autre.

Source : basé sur IIASA/OECD (2013).

Croissance de la productivité dans le secteur agricole

La productivité agricole dépend d'un certain nombre de facteurs qui peuvent être modélisés à des degrés divers. Il s'agit notamment des facteurs suivants : i) taux de croissance intrinsèque des cultures et des prairies, les travaux de recherche et de développement entraînent des progrès technologiques qui, conjointement à des facteurs environnementaux comme la dégradation des sols, modifient les rendements des cultures et des prairies ; ii) gains d'efficience alimentaire en production animale, du fait de l'évolution des techniques d'élevage et des systèmes de production ; et iii) effets du changement climatique sur les rendements des cultures et des prairies. Ces trois facteurs sont présentés en détail ci-après.

(i) Croissance intrinsèque des cultures et des prairies

L'évolution de la productivité du secteur de la production végétale est représentée par les « taux de croissance intrinsèque de la productivité » (IPR - intrinsic productivity growth rates) initialement élaborés par l'Institut international de recherche sur les politiques alimentaires (IPFRI) (Nelson et al., 2010 : p. 26). Ces IPR, qui peuvent être interprétés comme la croissance de la productivité résultant notamment des progrès technologiques et des contraintes environnementales, témoignent de l'évolution dans le temps des dépenses consacrées à la recherche mais aussi des jugements d'experts quant aux progrès futurs de la recherche et des pratiques de gestion et à leurs conséquences sur le rendement des cultures. Les IPR ont été actualisés de manière à correspondre au scénario SSP2 (scénario intermédiaire) du GIEC. Le graphique B.3 représente les IPR moyens des cultures par grande région entre 2010 et 2050. De façon générale, ces IPR donnent à penser que les progrès technologiques accroîtront le rendement des cultures mais à un rythme qui faiblira au fil du temps. Les différences entre pays et entre cultures sont toutefois importantes.

Graphique B.3. Taux de croissance intrinsèque de la productivité (IPR) moyen, toutes cultures confondues, SSP2, 2010-2050

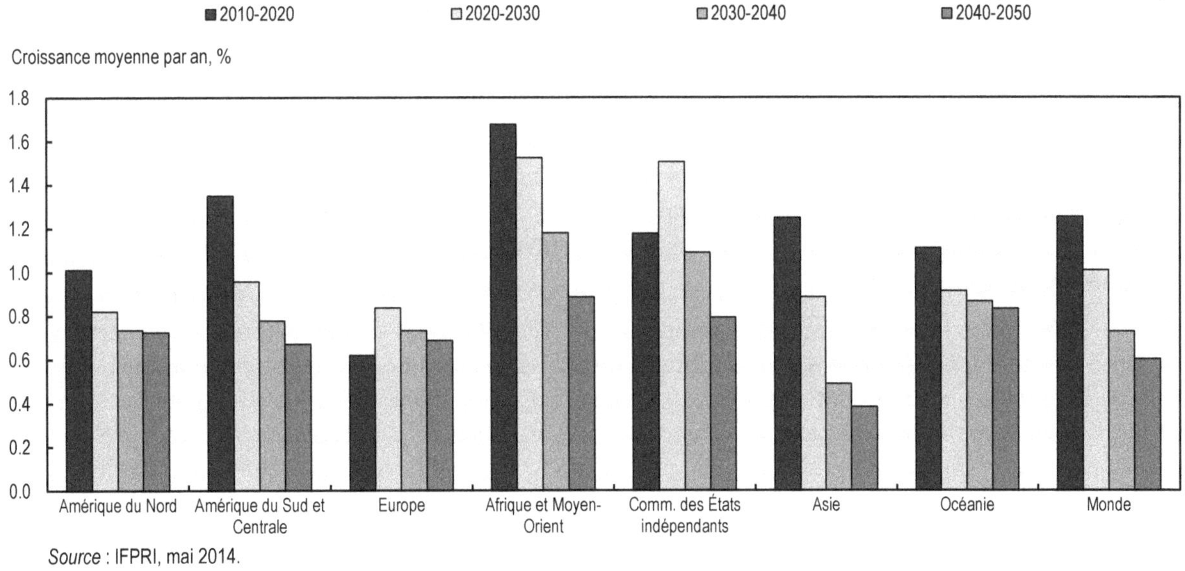

■ 2010-2020 □ 2020-2030 ▣ 2030-2040 ▣ 2040-2050

Croissance moyenne par an, %

1.8 1.6 1.4 1.2 1.0 0.8 0.6 0.4 0.2 0.0

Amérique du Nord | Amérique du Sud et Centrale | Europe | Afrique et Moyen-Orient | Comm. des États indépendants | Asie | Océanie | Monde

Source : IFPRI, mai 2014.

Les autres SSP ont été modifiés afin de tenir compte des différences entre les PIB nationaux. Cela tient au constat suivant : il existe une corrélation positive entre croissance du PIB et dépenses au titre de la recherche et développement (R-D) dans l'agriculture, ce qui se traduit, entre autres, par une augmentation plus rapide des rendements. Les ajustements ont été calculés à partir de l'équation ci-après (Mason-D'Croz, 2014) :

$$IPR_{s,r,i}^{t} = IPR_{SSP2,r,i}^{t} + \delta^{g} * \left(GDPGr_{s,r}^{t} - GDPGr_{SSP2,r}^{t}\right)$$

où : IPR taux de croissance intrinsèque de la productivité

GDPGr taux de croissance annuel du PIB

δ^g sensibilité des IPR à la croissance économique un groupe de pays g, avec

$\delta^{dev'ed}$ = 0.05 pour les pays développés

δ^{BRIC} = 0.10 pour le Brésil, la Fédération de Russie, l'Inde et la Chine, et

$\delta^{dev'ing}$ = 0.20 pour les pays en développement

t, s, r, i respectivement période, scénario, région et culture

Ces ajustements conduisent à une augmentation de la productivité dans les scénarios supposant une croissance soutenue et, inversement, une diminution de la productivité dans les scénarios supposant une croissance faible. Ainsi, ils se traduisent par une modification symétrique de l'indice de productivité (IPI, indice égal à 1 en 2005), le même facteur d'ajustement étant employé pour toutes les cultures d'un même pays. Les IPR pour les trois scénarios de l'OCDE, sur la base des hypothèses de PIB correspondantes, ont, eux aussi, été produits suivant cette méthode et ont été fournis par l'IFPRI.

Toutefois, pour les combinaisons pays-cultures présentant une croissance intrinsèque de la productivité faible ou nulle dans SSP2, ces ajustements donnent lieu à une croissance de la productivité négative dans certains scénarios. Les IPR des scénarios de l'OCDE ont donc été modifiés de manière à ce que les ajustements concernant la croissance de la productivité aient un effet multiplicateur et non cumulatif.

À partir des données de l'IFPRI, pour chaque scénario et pour chaque pays, un facteur d'ajustement relatif *c* est calculé à partir des données sur la culture enregistrant l'indice de productivité le plus élevé :

$$c_{s,r}^{t} = \left(IPI_{s,r,i}^{t} - 1\right) / \left(IPI_{SSP2,r,i}^{t} - 1\right) \quad \text{pour l'i ayant l'IPI le plus élevé}$$

$$IPI_{s,r,i}^{t} = c_{s,r}^{t} * \left(IPI_{SSP2,r,i}^{t} - 1\right) + 1 \quad \text{pour tout i}$$

Où : c facteur d'ajustement relatif pour l'indice de productivité intrinsèque

IPI indice de productivité intrinsèque ($IPI^T = \prod_{t=2006}^{T}(1 + IPR^t)$)

De cette façon, les taux de croissance faibles et positifs le demeurent nécessairement dans tous les scénarios, ce qui est cohérent avec l'hypothèse selon laquelle, si une faible croissance économique peut entraîner une faible augmentation de la productivité, elle ne provoquera pas de diminution des rendements.

Enfin, pour tenir compte des différents choix technologiques et des différences en termes de productivité qui en résultent selon le scénario considéré, les taux de croissance de la productivité ont été corrigés d'un coefficient spécifique à chaque scénario, d'une valeur de 1.4 pour le scénario *Croissance fragmentée*, 0.9 pour *Croissance durable* et 1.2 pour *Croissance rapide*. Ces coefficients reflètent différents paramètres : technologies à forte intensité d'intrants et technologies fossiles dans le scénario *Croissance fragmentée* ; utilisation réduite d'intrants agricoles dans le scénario *Croissance durable* ; développement et diffusion rapides des nouvelles technologies et prix élevés du charbon et du gaz dans le scénario *Croissance rapide*.

GLOBIOM utilise une série d'IPR légèrement différente pour les trois scénarios sur la base d'une extrapolation des tendances historiques en fonction de l'évolution du PIB par habitant dans les différentes régions. Le rendement des cultures a été ajusté en utilisant le logarithme du PIB par habitant durant la période 1980-2009 dans le cadre d'une estimation en panel à effets fixes. Une variable indicatrice distincte a été créée pour constituer les groupes de pays en fonction de leur PIB à partir des catégories établies par la Banque mondiale moyennant de faibles modifications des seuils délimitant chaque groupe afin d'équilibrer ces groupes et de disposer de suffisamment d'observations pour chacun d'entre eux. En outre, un estimateur distinct a été établi pour chacune des 18 cultures. Le modèle à effets fixes se présente comme suit :

$$y_{it}^{c} = \sum_{g}^{G} s_{ig}\beta_{g}^{c}\, x_{it} + \alpha_i + u_{it}$$

avec y_{it}^{c} : rendement de la culture c du pays i à la période t ; β_g^c : effet du PIB par habitant des pays du groupe g ; s_{ig} : variable indicatrice du groupe défini sur la base du PIB par habitant, avec $s_{ig} = 1 \; \forall \, i \in g$ (c'est-à-dire si le pays i appartient au groupe de PIB par habitant g) ; α_i : différences stables dans le temps ; et u_{it} terme d'erreur non observé. On calcule alors les projections des IPR en utilisant les projections du PIB par habitant associées à chacun des scénarios (IIASA, 2013).

Les taux de croissance du rendement des prairies sont obtenus par la même méthode mais les calculs se basent sur les taux de croissance des rendements par défaut fournis par l'Agence d'évaluation environnementale des Pays-Bas (PBL), considérés comme relevant du scénario intermédiaire SSP2. La productivité des prairies dépend des rendements de matière sèche par hectare. Son taux de croissance a été calculé par le modèle IMAGE de manière à cadrer avec les projections d'« Agriculture Towards 2050 » de la FAO (FAO, 2012). Par hypothèse, la croissance de la productivité des prairies est imputable pour moitié au progrès technique, dans le droit fil des IPR pour la production végétale, et pour moitié à une évolution du rendement des prairies induite par le marché, qui n'est donc pas prise en compte dans le calcul des IPR des prairies. Tout comme les IPR des cultures, les IPR des prairies ont été ajustés en fonction à fois des différences en matière de PIB et des hypothèses technologiques dans les trois scénarios de l'OCDE. Le graphique B.5 présente les taux de croissance de l'Océanie (partie supérieure) et du Brésil (partie inférieure), régions affichant, respectivement, la croissance la plus faible et la croissance la plus élevée de la productivité des prairies. Il convient de noter que, exception faite des dépenses de R-D, les différences entre les régions dépendent de nombreux facteurs, comme les niveaux actuels de productivité et l'évolution des systèmes de production animale.

Graphique B.4. IPR mondiaux moyens, toutes cultures confondues, 2010-2050

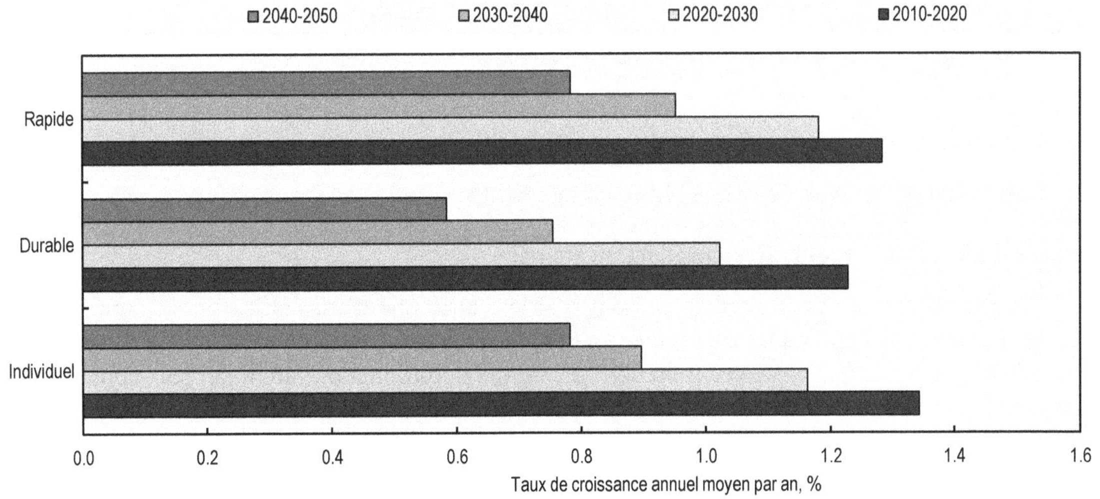

2040-2050
2030-2040
2020-2030
2010-2020
Rapide
Durable
Individuel
0.0
0.2
0.4
0.6
0.8
1.0
1.2
1.4
1.6
Taux de croissance annuel moyen par an, %

Source : calculs effectués à partir des IPR des SSP fournis par l'IFPRI, mai 2014.

Graphique B.5. IPR moyens des prairies, Océanie (partie supérieure) et Brésil (partie inférieure), scénarios de l'OCDE et SSP2, 2010-2050

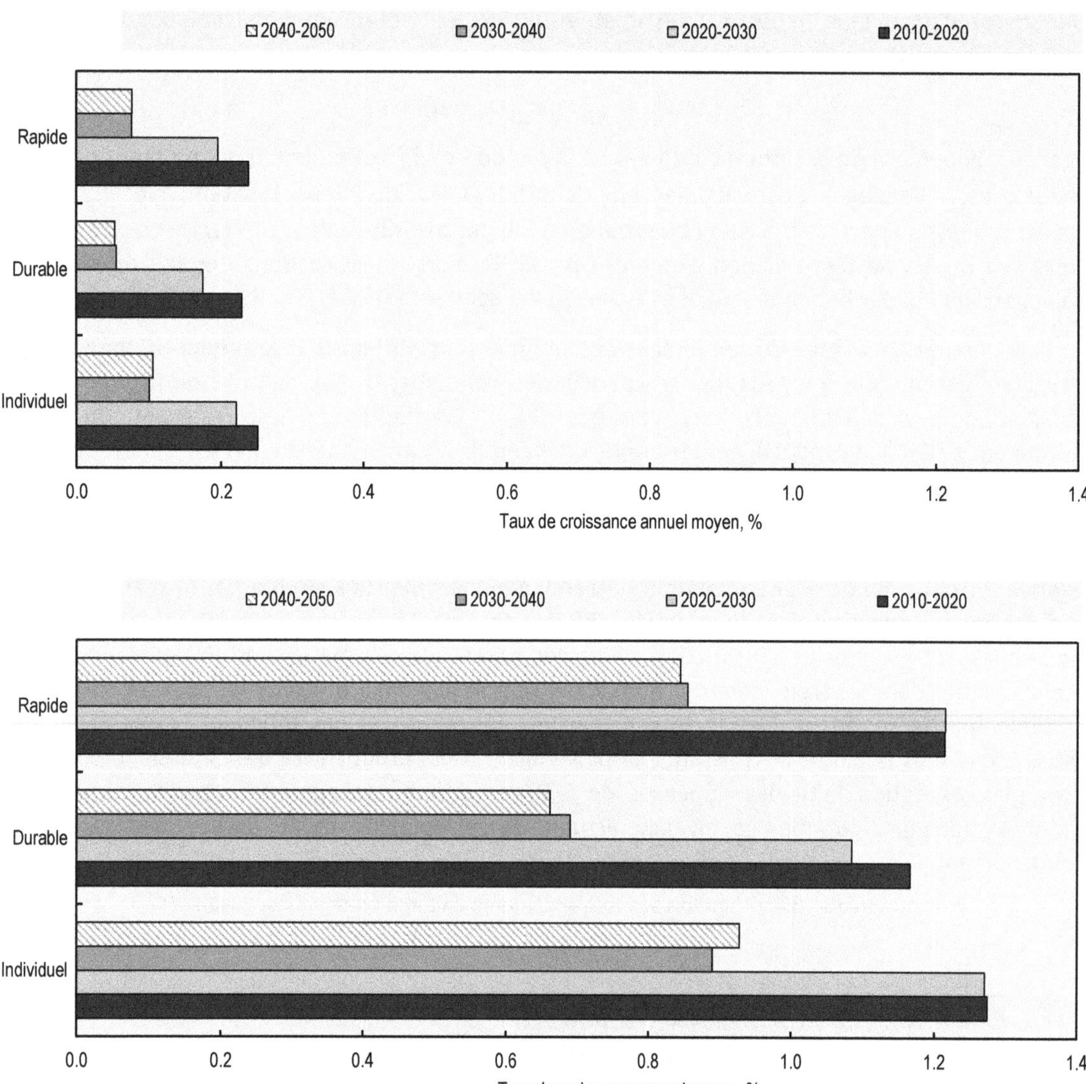

Source : calculs effectués à partir des IPR de SSP2 fournis par PBL, mai 2014.

ii) Gains d'efficience alimentaire en production animale

Comme dans le cas de la productivité des prairies, les données sur l'efficience alimentaire totale, ont été fournies par PBL, qui les a préparées de façon à reproduire les projections à long terme de la FAO (2012). Les ratios de consommation alimentaire (production animale sur consommation d'aliments) communiqués portent sur cinq groupes d'animaux et cinq types d'aliments différents. Dans le cadre des scénarios de l'OCDE, ces données ont été regroupées en deux catégories d'animaux (ruminants et non ruminants) et un seul groupe d'aliments. Les modifications en termes de répartition sont probablement liées dans une plus large mesure aux effets de marché et de prix qu'aux progrès technologiques. Ces derniers, conjugués à l'évolution des systèmes de production, ont essentiellement un impact sur la quantité totale d'aliments nécessaires pour produire une unité de produit animal.

Graphique B.6. Taux de croissance moyens de l'efficience alimentaire totale, Fédération de Russie et pays voisins (partie supérieure) et Afrique de l'Est (partie inférieure), scénarios de l'OCDE et SSP2, 2010-2050

Monogastriques 2030-50 | Monogastriques 2010-30 | Ruminants 2030-50 | Ruminants 2010-30

Rapide

Durable

Individuel

0.0 0.2 0.4 0.6 0.8 1.0 1.2 1.4

Taux de croissance annuel moyen, %

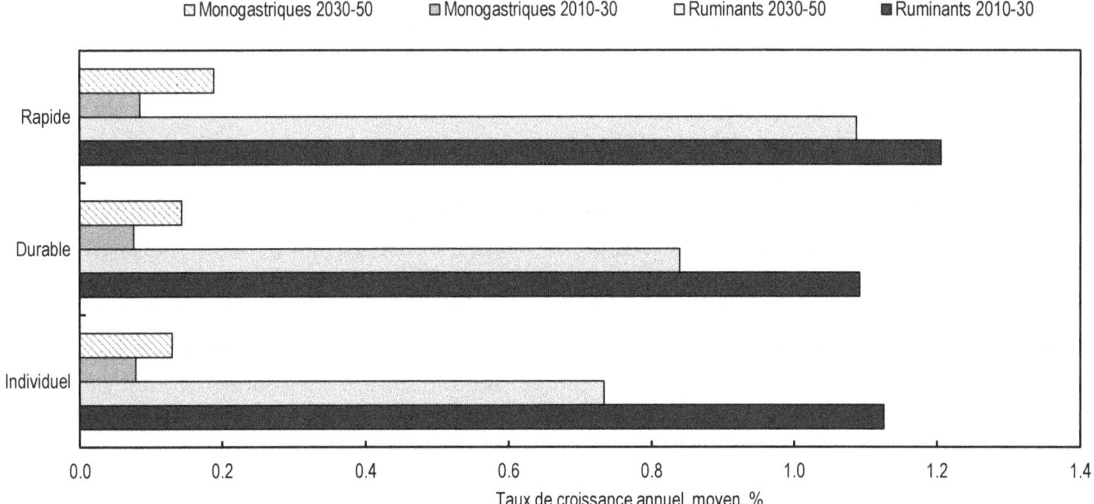

Source : calculs effectués à partir des IPR de SSP2 fournis par PBL, mai 2014.

Les taux de croissance de l'efficience alimentaire ainsi obtenus (exprimés en kilos de produits animaux par kilo d'aliments), considérés ici aussi comme relevant du scénario intermédiaire SSP2, ont été ajustés en fonction des différents scénarios de l'OCDE, en suivant la même méthode. Le graphique B.6 présente, pour les différents scénarios étudiés, les taux de croissance de deux grands ensembles régionaux, d'une part la Fédération de Russie et ses pays voisins et d'autre part, l'Afrique de l'Est, qui enregistreraient respectivement la croissance la plus faible et la croissance la plus élevée de l'efficience alimentaire des ruminants.

GLOBIOM s'appuie sur des données ventilées par système d'élevage, de sorte que les taux d'efficience alimentaire doivent être appliqués au niveau du système. Le modèle estime l'évolution de l'efficacité alimentaire par système en extrapolant les observations antérieures. Les taux de croissance annuels mondiaux de l'efficacité alimentaire pour les produits animaux ont tout d'abord été estimés à partir de Soussana et al. (2012) pour SSP2. Les taux de croissance annuels régionaux et propres aux autres SSP ont ensuite été calculés en ajustant cette estimation médiane à partir des taux de variation estimés pour le rendement des cultures, comme décrit précédemment pour les projections des IPR des cultures effectuées avec le modèle GLOBIOM. Le cas échéant, un plafond a été fixé de manière à éviter toute valeur biologiquement impossible (IIASA, 2013).

iii) Effets du changement climatique sur les rendements des cultures et des prairies

Les projections des taux de croissance de la productivité obtenues au moyen de la méthode décrite plus haut tiennent compte d'un certain nombre d'évolutions différentes, notamment des progrès technologiques dans le domaine des semences et des races d'animaux, mais aussi, sauf dans le cas du modèle GLOBIOM, des transformations des systèmes de production (par exemple, le passage d'un système de production animale familiale à des systèmes d'exploitation commerciale dans un certain nombre de pays en développement et de pays émergents). Elles ne prennent, en revanche, pas en compte les effets (bénéfiques ou préjudiciables) que le changement climatique pourrait avoir sur la productivité en général ou sur les rendements. Pour estimer les répercussions d'une concentration supérieure en CO2 dans l'atmosphère sur le rendement des cultures, il convient d'utiliser deux autres types de modèles en amont des modèles économiques de marché (Nelson et al., 2014). Les modèles de circulation générale servent à décrire les effets de concentrations en CO2 supérieures sur le climat à l'échelle mondiale et à l'échelle régionale et, plus précisément, sur les courbes de température et les régimes pluviométriques. Des modèles de cultures, qui simulent les processus biophysiques durant la croissance des plantations, permettent ensuite de déterminer les effets des changements des courbes de température et des régimes pluviométriques sur le rendement des cultures.

Les trois scénarios de l'OCDE reposent sur des trajectoires de concentration de gaz à effet de serre (GES) différentes, correspondant respectivement à RCP 2.6 (scénario *Croissance durable*), RCP 4.5 (scénario *Croissance fragmentée*) et RCP 8.5 (scénario *Croissance rapide*)[2]. Les facteurs de modifications des rendements, fournis par l'IIASA, sont établis sur la base de simulations effectuées à l'aide du modèle Environmental Policy Integrated Climate (EPIC) à partir des données sur les températures et les précipitations générées par le modèle de circulation générale HadGEM2-ES[3]. Les impacts sur les rendements sont calculés pour chacune des 18 cultures prises en compte dans le modèle GLOBIOM et ils s'ajustent automatiquement en fonction de la quantité d'engrais utilisée (faible ou élevée) et, le cas échéant, de l'irrigation. Les conséquences du changement climatique sur le rendement des prairies sont également prises en considération, car les prairies ne sont pas censées être irriguées. L'effet fertilisant du CO2, qui favorise la photosynthèse et donc la croissance des plantes, est pris en compte pour toutes les cultures et pour toutes les prairies.

Les facteurs de modifications des rendements ainsi obtenus ont été utilisés dans tous les modèles à l'exception du modèle IMPACT. En effet, l'IFPRI génère conjointement des chocs de rendement imputables au climat et à des variations du profil de consommation d'eau dans les secteurs non agricoles, sur la base de son modèle hydrologique IMPACT-Water. Il n'a donc pas été possible d'utiliser les données EPIC. L'IFPRI utilise à la place les données des modèles des cultures du système d'appui à la décision pour les transferts agrotechnologiques (Decision Support System for Agrotechnology Transfer (DSSAT)). Les données disponibles s'appuient sur les données climatiques provenant de différents modèles de circulation générale, mais DSSAT n'inclut que RCP 8.5 et ne tient pas compte de la fertilisation directe des cultures due à un accroissement de la teneur de l'atmosphère en CO2. Les trois scénarios de l'OCDE reposent donc sur les données climatiques suivantes :

- Scénario *Croissance fragmentée* : RCP 8.5 sur la base des données climatiques issues du modèle climatique élaboré par le Geophysical Fluid Dynamics Laboratory (GFDL) ; ce modèle génère des variations relativement modestes des températures et des précipitations et, partant engendre des baisses générales relativement modestes des rendements.

- Scénario *Croissance durable* : par hypothèse, le changement climatique n'exerce aucun choc sur les rendements.
- Scénario *Croissance rapide* : RCP 8.5 sur la base des données climatiques issues du modèle Hadley Center Global Environment Model version 2 (HadGEM2) élaboré par l'Office météorologique du Royaume-Uni. Ce modèle génère des variations relativement importantes des températures et des précipitations et engendre, par conséquent, des baisses générales relativement fortes des rendements.

Prix de l'énergie et des engrais

Les projections des prix de l'énergie sont tirées de la publication de l'Agence internationale de l'énergie (AIE) intitulée *World Energy Outlook* (AIE, 2013). Ce document présente les projections des prix d'un certain nombre d'énergies fossiles jusqu'en 2035. Les scénarios de l'OCDE utilisent les projections du scénario « Politiques actuelles » pour les prix du pétrole brut (prix du pétrole brut à l'importation — AIE), du gaz naturel (prix du gaz naturel dans les régions Amérique du Nord, Europe et Pacifique) et du charbon (prix du charbon vapeur à l'importation — OCDE). Il semble important d'établir une distinction entre les prix du gaz naturel dans les différentes régions. En effet, ces prix ont fortement baissé en Amérique du Nord non seulement par rapport aux prix enregistrés dans les autres régions mais aussi par rapport aux prix du pétrole brut et du charbon, en raison des opérations à grande échelle de fracturation hydraulique entreprises pour extraire le gaz de schiste, notamment aux États-Unis. L'écart devrait certes se resserrer progressivement, mais, en 2050, les prix du gaz seraient toujours deux fois plus élevés dans la région du Pacifique qu'en Amérique du Nord.

Le scénario *Croissance fragmentée* est basé sur les projections du scénario « politiques actuelles », prolongées jusqu'à 2050 sans modification. Dans le scénario *Croissance durable*, les prix du gaz naturel diffèrent certes selon les régions mais les prix de l'énergie sont par hypothèse plus élevés que dans le scénario *Croissance fragmentée*, notamment à moyen terme. Ainsi, le prix du pétrole brut en 2030 est supérieur de 14 % à celui du scénario précédent. Toutefois, cet écart se réduit à 4 % vers 2050, car les énergies alternatives deviennent plus compétitives.

Enfin, dans le scénario *Croissance rapide*, non seulement les prix de l'énergie sont, par hypothèse, un peu plus faibles, mais les écarts entre régions et entre types de combustibles diminuent de moitié jusqu'en 2050. Par conséquent, si dans le scénario *Croissance rapide* le prix du pétrole ne représente que deux-tiers du prix prévu dans le scénario *Croissance fragmentée* en 2050, le prix du gaz en Amérique du Nord est lui 25 % plus élevé cette même année. Les prévisions des prix de l'énergie sont présentées dans le graphique B.7.

Il est important de noter que, dans le secteur agricole, les prix des engrais dépendent des prix de l'énergie. Les projections des prix des engrais sont donc calculées à partir des prix du pétrole brut, du gaz naturel et du charbon en fonction de la part des différents types d'énergie entrant dans la production des engrais. Les coûts que ces parts représentent sont tirés de la base de données du modèle MAGNET et ont été fournis par l'Institut néerlandais de recherche en économie agricole LEI-WUR (Bartelings, 2014). De façon générale, l'énergie, essentiellement le gaz naturel, mais aussi le charbon (en particulier en Chine), constitue environ 21 % du coût de production des engrais. Cette proportion diffère toutefois sensiblement selon les régions. En effet, cela dépend du type d'engrais principalement produit par la région en question : les phosphates et la potasse sont essentiellement obtenus par extraction et ne font l'objet que de transformations limitées, les engrais azotés nécessitent eux de grandes quantités d'énergie.

Graphique B.7. Prix de l'énergie pour différentes formes d'énergies fossiles, données réelles pour 2000-12 et projections jusqu'en 2050

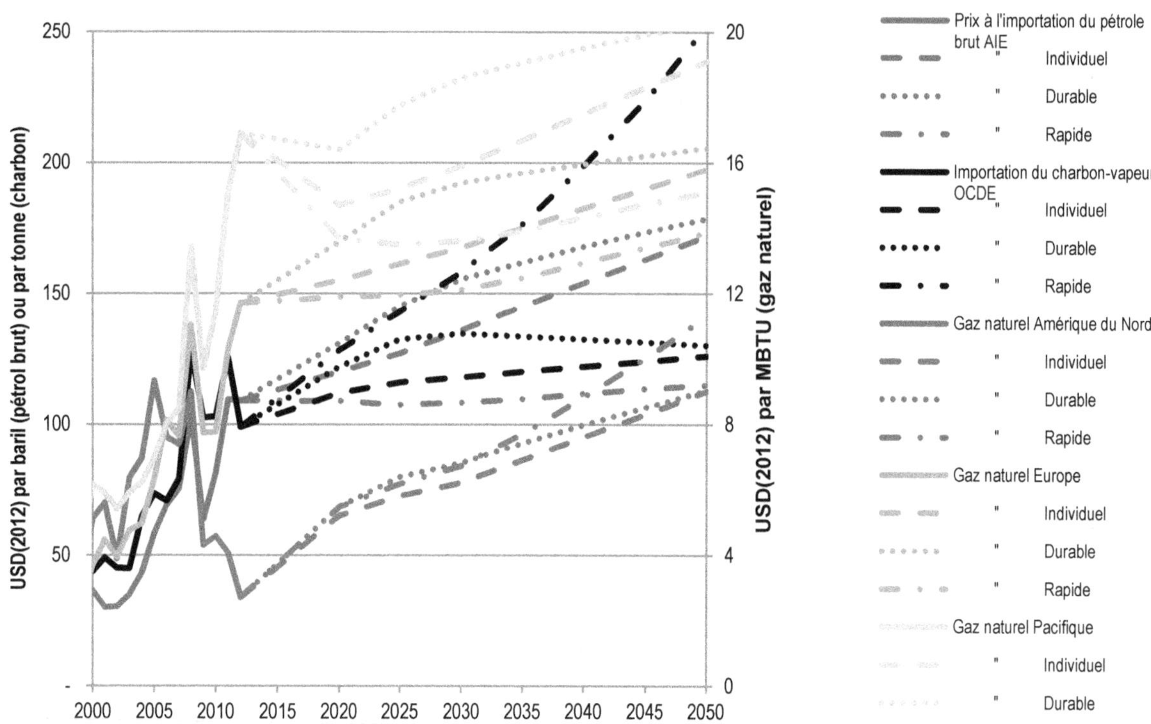

Source : AIE (2013) ; calcul des auteurs.

Politiques sur les biocarburants de première génération

Tous les scénarios partent de l'hypothèse que les législations actuelles sur les biocarburants de première génération, essentiellement, les taux d'utilisation de ces biocarburants dans le secteur des transports, seront maintenues pendant toute la période de projection. Les modèles s'appuient sur une utilisation différente des biocarburants, de sorte que leur production et leur consommation – et, par conséquent, les quantités de matières premières agricoles utilisées pour les produire – varient.

Structure de la demande alimentaire

La consommation des différents produits agricoles n'est pas prédéterminée dans les modèles, car elle résulte essentiellement de la croissance démographique et de l'augmentation des revenus (voir plus haut). Toutefois, le scénario *Croissance durable* pose explicitement en hypothèse une modification des préférences des consommateurs en faveur de régimes alimentaires plus « durables ». Les facteurs de changement correspondants ont été communiqués par l'Institut international pour l'analyse des systèmes appliqués (IIASA) et reposent sur un certain nombre d'hypothèses fondamentales. Premièrement, en raison d'une meilleure gestion des déchets ménagers dans les pays développés, la consommation alimentaire par habitant s'est stabilisée dans les pays les plus avancés. Deuxièmement, les individus ont tendance à adopter des régimes alimentaires plus sains et plus équilibrés en ce qui concerne le nombre de calories et la teneur en protéines. Les régions où la consommation totale de protéines dépassait les 75 g par personne et par jour réduisent leur consommation de viande. Ainsi, la consommation de protéines issues de la viande de ruminants passe en dessous de 5 g par personne et par jour. En revanche, les régions où la consommation totale de protéines était inférieure à 25 g par personne et par jour accroissent leur consommation de viande de non ruminants, ce qui entraîne une augmentation de la production animale dans un certain nombre de pays en développement. Étant donné que ces régions réduisent leur dépendance envers les aliments à faible teneur en éléments nutritifs, la consommation de racines et de tubercules tombe à un niveau inférieur à 100 kcal par personne et par jour (IIASA, 2013).

Les facteurs de changement générés et communiqués par l'IIASA reposent sur des évolutions relatives des structures de consommation et sont présentés de manière détaillée par produits et par groupe régional. Le graphique B.8 présente les transformations de la consommation à l'échelle mondiale, en 2030 et en 2050[4].

Graphique B.8. Évolutions à l'échelle mondiale de la consommation de différents groupes d'aliments en raison de l'adoption de « régimes alimentaires durables », en 2030 et en 2050

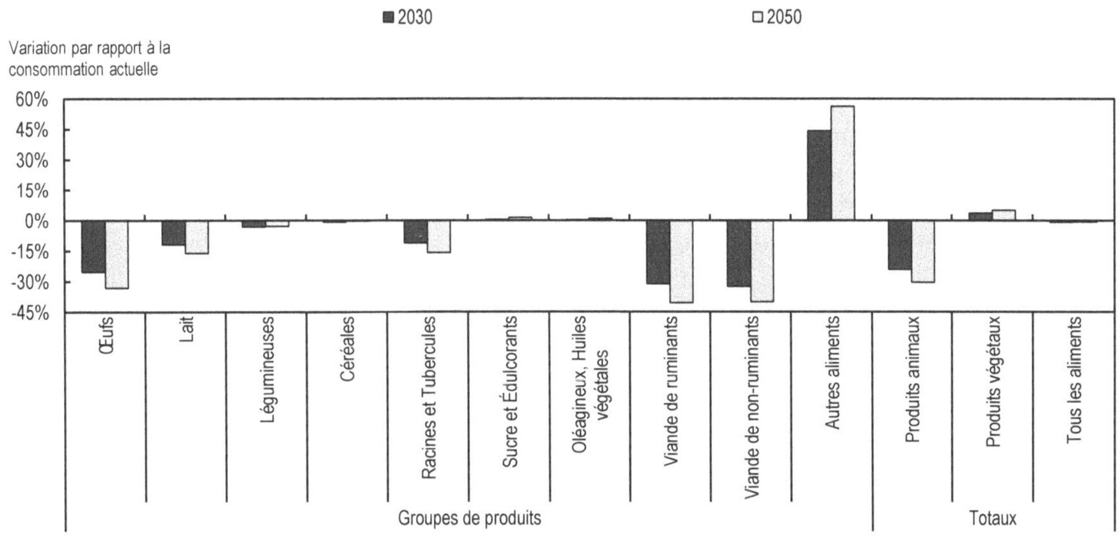

■ 2030 □ 2050

Variation par rapport à la consommation actuelle

60%
45%
30%
15%
0%
-15%
-30%
-45%

Groupes de produits: Œufs, Lait, Légumineuses, Céréales, Racines et Tubercules, Sucre et Édulcorants, Oléagineux, Huiles végétales, Viande de ruminants, Viande de non-ruminants, Autres aliments

Totaux: Produits animaux, Produits végétaux, Tous les aliments

Source : données IIASA 2014.

Coûts des échanges imputables aux différences entre réglementations des marchés alimentaires

Les différences entre les réglementations applicables aux marchés des produits alimentaires peuvent accroître le coût des échanges de produits agricoles entre les pays et les régions. Les modèles utilisés pour quantifier les scénarios de l'OCDE ne prennent pas en compte de manière spécifique les coûts associés à ces différences, d'autres hypothèses ont donc été adoptées pour ces scénarios sous la forme de coûts iceberg. À cette fin, et pour refléter la variable régionale présente dans deux des trois scénarios, le monde est divisé en trois grands blocs, à savoir i) les Amériques, ii) l'Europe, le Moyen-Orient et l'Afrique, et iii) l'Asie et l'Océanie.

Contrairement au scénario *Croissance durable*, qui part de l'hypothèse que les coûts des échanges demeurent identiques malgré les réglementations, le scénario *Croissance fragmentée* repose sur un accroissement de 10 % des coûts iceberg des échanges dans le cas des produits alimentaires et agricoles entre ces trois grands blocs régionaux, mais des coûts inchangés *à l'intérieur* des blocs eux-mêmes. Le scénario *Croissance rapide*, quant à lui, part de l'hypothèse que les coûts iceberg diminuent de 10 % pour le commerce des produits alimentaires et agricoles entre tout couple de régions considéré. On suppose que ces changements se produiront de façon linéaire entre 2010 et 2030, après quoi aucune autre modification ne serait enregistrée jusqu'en 2050.

Tests des stratégies – modèle expérimental

Développement de « modes de vie plus verts »

L'essor de « modes de vie plus verts » du fait de la prise de conscience des questions environnementales et sanitaires revêt différents aspects. Premièrement, il donne lieu à une modification de la consommation alimentaire qui devient plus saine et plus durable. Deuxièmement, il s'accompagne d'un accroissement des efforts déployés pour protéger la biodiversité et les écosystèmes riches. Ces deux aspects sont exposés en détail ci-dessous.

- **Évolution de la consommation alimentaire** — La consommation alimentaire devrait devenir plus saine et plus durable. Le modèle expérimental part de l'hypothèse que la demande alimentaire suit la même évolution que dans le scénario *Croissance durable* : réduction des déchets ménagers, baisse de la consommation de produits animaux dans les régions affichant une forte consommation de protéines, augmentation de la consommation de protéines animales dans les pays en développement. Se reporter aux sections ci-dessus intitulées Quantification des scénarios et Structure de la demande alimentaire.

Graphique B.9. Espaces naturels (forêts, zones humides, végétation naturelle) susceptibles d'être convertis, protégés ou non

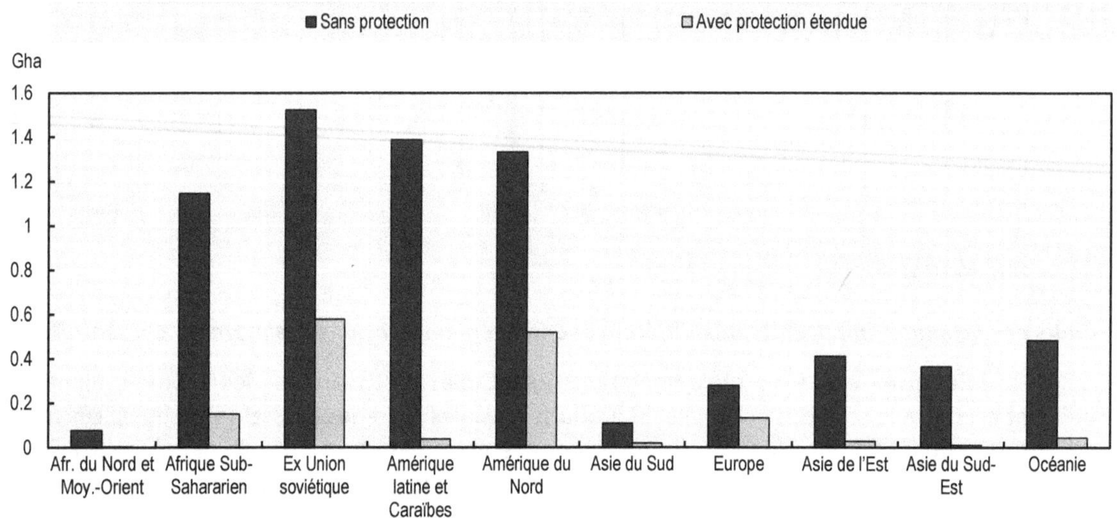

Source : IIASA, adapté de Kraxner et al. (2013).

- **Meilleure protection de la biodiversité** — L'expansion de l'agriculture et des plantations forestières est stoppée dans les écosystèmes riches. Les zones protégées correspondent à celles figurant dans la base de données PNUE-WCMC et comprennent également d'autres centres de biodiversité recensés par des organisations environnementales. Ces données sont utilisées au moyen du modèle GLOBIOM en suivant Kraxner et al. (2013). Une restriction de conversion est appliquée à chaque unité du modèle comportant une zone sensible pour la biodiversité. Les zones sensibles sont définies au moyen des cartes de biodiversité suivantes : i) WWF Global 200 Ecoregions (Olson et Dinerstein, 2002) ; ii) WWF/IUCN Centres of Plant Diversity (WWF/IUCN, 1994) ; iii) Amphibian Diversity Areas (Duellman, 1999) ; iv) Conservational International's Hotspots (Mittermeier et al., 2004) ; v) Birdlife International Endemic Bird Area (BirdLife International, 2008) ; vi) Alliance for Zero Extinctions Sites (Ricketts et al., 2005). L'étendue des espaces naturels (forêts et zones humides comprises) qui peuvent être convertis en terres agricoles à l'échelle mondiale chute alors de 7 Gha à 1.5 Gha. À l'évidence, seule une très faible part de ces espaces pourrait, en pratique, être utilisée par l'agriculture pour des raisons qui tiennent au climat et à la nature des sols, aux possibilités d'accès par la population et à l'éloignement des marchés et à d'autres utilisations éventuellement conflictuelles des terres, notamment d'autres mesures de conservation.

Meilleure concordance des réglementations applicables aux marchés des produits alimentaires

Dans ce modèle expérimental, le rapprochement des réglementations applicables aux marchés des produits alimentaires prend la forme d'une réduction des équivalents tarifaires sur les produits agricoles et alimentaires. Comme indiqué précédemment, les coûts des échanges imputables aux différences entre les réglementations applicables aux marchés alimentaires évoluent différemment, par hypothèse, dans les trois scénarios. Les simulations partant de points différents, les coûts des échanges devraient donc également évoluer de manière différente.

- Le scénario *Croissance fragmentée* pose en hypothèse une réduction de 15 % des coûts des échanges entre les trois grands blocs régionaux décrits précédemment et de 5 % à l'intérieur de ces blocs. Le scénario *Croissance* durable suppose une diminution de tous les coûts des échanges de 10 % pour toutes les relations commerciales. Enfin, dans le scénario *Croissance fragmentée*, les coûts des échanges baissent, par hypothèse, de 5 % supplémentaires pour tous les flux commerciaux, ce qui s'ajoute à la diminution des coûts due au rapprochement des réglementations applicables aux marchés des produits alimentaires dans ce scénario. Ces chiffres cadrent avec les résultats des travaux de Dee et al. (2011).

On suppose que ces changements se produiront de façon linéaire entre 2025 et 2035, après quoi aucune autre modification ne serait enregistrée.

Amélioration des infrastructures

L'amélioration des infrastructures – aussi bien celle des infrastructures physiques, comme le pavage des routes, que celle des systèmes d'information et de communication – permet de réduire le coût de transformation des produits de base agricoles à la ferme en produits alimentaires consommés par l'utilisateur final. Ce test repose donc sur la part que représentent les infrastructures dans les coûts des produits alimentaires finaux, notamment les services de transports et autres services analogues comme la vente de détail. Ces coûts sont tirés de la base de données GTAP et sont présentés, pour certains produits et régions, dans le graphique B.10.

Les infrastructures constituent des obstacles importants, en particulier dans les pays en développement, c'est pourquoi ce test suppose que l'amélioration des infrastructures entraîne une diminution 20 % des coûts imputables aux infrastructures en Afrique, en Asie du Sud et en Asie du Sud-Est, et de 10 % en Amérique latine. Il est moins urgent d'améliorer les infrastructures dans les pays développés qui disposent en règle générale d'un système de transport de bien meilleure qualité. La réduction des coûts associés aux infrastructures est donc de 5 % dans ce test.

De même que dans le cas des réglementations sur les produits alimentaires, on suppose que ces changements se produiront de façon linéaire entre 2025 et 2035, après quoi aucune modification supplémentaire n'est enregistrée.

Graphique B.10. Coûts imputables aux infrastructures pour certains produits alimentaires et certaines régions, part dans la valeur totale des produits

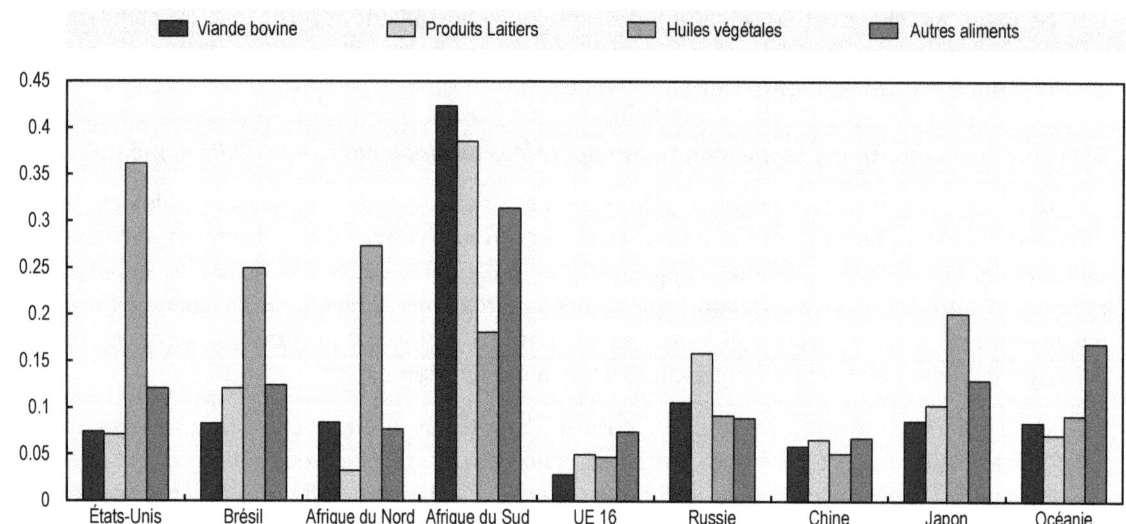

Source : base de données GTAP, GTAP version 8.1 (février 2013).

Croissance durable de la productivité

Les méthodes et les technologies vertes peuvent se traduire par des changements très différents. Deux options ont été retenues, qui débouchent sur deux simulations distinctes : la première examine l'amélioration de l'efficience de la consommation d'eau dans les systèmes d'irrigation agricole, associée à une expansion des terres irriguées, tandis que la deuxième analyse les implications du recours à de nouvelles variétés de cultures qui permettraient de compenser en partie la baisse des rendements moyens des récoltes entraînée par le changement climatique.

- **Amélioration de l'irrigation agricole et accroissement des superficies irriguées :** l'irrigation des terres agricoles représente la plus grande partie de la consommation d'eau douce au niveau mondial et un certain nombre de régions sont confrontées à des pénuries d'eau. Bien souvent, seule une meilleure efficience des systèmes d'irrigation permet d'accroître la superficie des terres irriguées. À partir des informations hydrologiques dont disposent l'IFPRI et l'IIASA, les gains d'efficience dans la consommation d'eau ont été fixés à 20 % dans ce test. On suppose également que l'eau économisée grâce à ces gains est utilisée pour irriguer de nouvelles terres.
- **Recours à des variétés résistantes au changement climatique :** ce test repose sur l'hypothèse selon laquelle il existerait des variétés plus résistantes aux stress induits par le changement climatique, comme les périodes de sècheresse et la prolifération des ravageurs. Trois cultures principales sont étudiées : le blé, le maïs (des céréales secondaires dans les régions où le maïs n'est pas prédominant) et le riz. Ce test suppose une réduction d'un tiers des dommages provoqués par le changement climatique sur les rendements, dans le cadre des différents scénarios. Lorsque le changement climatique n'a pas d'effet ou a un effet positif sur les rendements, ce test part de l'hypothèse que le recours aux nouvelles variétés n'entraîne aucune modification des rendements.

Notes

1. Les profils représentatifs d'évolution de concentration sont des scénarios climatiques précis mis au point par le GIEC. Quatre RCP principaux ont été établis par différents organismes : RCP 2.6, RCP 4.5, RCP 6.0 et RCP 8.5. Les chiffres correspondent au forçage radiatif qui sera enregistré, selon les hypothèses de chaque scénario, en 2100 (en d'autres termes le forçage radiatif sera compris entre 2.6 W/m^2 et 8.5 W/m^2), ce qui correspond à des concentrations de GES de l'ordre de 490 ppm à 1370 ppm d'équivalent CO2 (van Vuuren et al., 2011). Ces quatre RCP, qui reposent sur des instruments différents, évoluent en grande partie indépendamment les uns des autres et il s'avère qu'à l'horizon 2050, le forçage radiatif de RCP 6.0 est plus faible que celui de RCP 4.5 (à court terme, il est encore plus faible que celui de RCP 2.6). Pour éviter cette incohérence, les scénarios de l'OCDE excluent le RCP 6.0 et s'appuient sur les trois autres.
2. Voir la note 1 pour plus de détails sur les RCP retenus pour les scénarios de l'OCDE.
3. www.metoffice.gov.uk/research/modelling-systems/unified-model/climate-models/hadgem2.
4. Pour des raisons techniques, ces ajustements de la structure de la demande n'ont pas été introduits dans le modèle IMPACT.

Références de l'annexe B

AIE (2013), *World Energy Outlook 2013*, Agence internationale de l'énergie, Paris, www.worldenergyoutlook.org/weo2013.

Bartelings, H. (2014), Personal email communication, avril 2014.

BirdLife International (2008), *Endemic Bird Areas*, BirdLife International, www.birdlife.org/datazone/sowb/casestudy/76.

Dee, P. et al. (2011), « The impact of trade liberalisation on jobs and growth: Technical note », *OECD Trade Policy Working Papers*, n° 107, Éditions OCDE, Paris, http://dx.doi.org/10.1787/5kgj4jfj1nq2-en.

Duellman, W.E. (dir. pub.) (1999), *Patterns of Distribution of Amphibians: A Global Perspective*, John Hopkins University Press, Baltimore.

FAO (2012), *World Agriculture Towards 2030/2050: The 2012 Revision*, ESA Working Paper No. 12/03. Food and Agriculture Organization, Rome, www.fao.org/docrep/016/ap106e/ap106e.pdf.

GTAP (2013), *GTAP Version 8.1* (database), parue en février 2013, www.gtap.agecon.purdue.edu/databases/v8/default.asp (consultée en juillet 2014).

IIASA (2013), « Preliminary scenarios of the developments in agricultural commodity markets, livestock production systems, and land use and land cover (Deliverable 2.2) », *AnimalChange*, www.iiasa.ac.at/web/home/research/researchPrograms/EcosystemsServicesandManagement/D2.2_AnimalChange.pdf.

IIASA/OCDE (2013), SSP Database (version 0.93), https://secure.iiasa.ac.at/web-apps/ene/SspDb/dsd?Action=htmlpage&page=welcome (consultée en avril 2014).

Kraxner, F. et al. (2013), « Global bioenergy scenarios: Future forest development, land-use implications, and trade-offs », *Biomass and Bioenergy,* vol. 57, pp. 86-96. http://dx.doi.org/10.1016/j.biombioe.2013.02.003.

Mason-D'Croz, D. (2014), communication personnelle par courriel, juin 2014.

Mittermeier, R.A. et al. (2004), *Hotspots Revisited: Earth's Biologically Richest and Most Endangered Terrestrial Ecoregions*, Arlington VI: Conservation International, University of Chicago Press, www.press.uchicago.edu/ucp/books/book/distributed/H/bo3707156.html.

Nelson, G.C. et al. (2010), *Food Security, Farming, and Climate Change to 2050 – Scenarios, Results, Policy Options*, Institut international de recherche sur les politiques alimentaires, Washington, www.ifpri.org/sites/default/files/publications/rr172.pdf.

Nelson, G.C. et al. (2014), « Climate change effects on agriculture: Economic responses to biophysical shocks », *Proceedings of the National Academy of Sciences of the United States of America*, vol. 111, pp. 3274-3279, www.pnas.org/content/early/2013/12/12/1222465110.abstract.

Olson, D.M. et E. Dinerstein (2002), « The global 200: Priority ecoregions for global conservation », *Annals of the Missouri Botanical Garden,* vol. 89, pp. 199-224, www.worldwildlife.org/publications/the-global-200-priority-ecoregions-for-global-conservation.

Ricketts, T.H. et al. (2005), « Pinpointing and preventing imminent extinctions », *Proceedings of the National Academy of Sciences of the United States of America*, vol. 102/51, pp. 18497-18501, www.pnas.org/content/102/51/18497.abstract.

Soussana, J.F. et. al (2012), « Storylines for the livestock sector scenarios in EU, studied SICA regions and global level (Deliverable 2.1) », *AnimalChange*, INRA, Paris, www.animalchange.eu/Docs/Deliverables/D2.1%20Storylines%20for%20livestock%20sector%20scenarios.pdf.

Van Vuuren, D.P. et al. (2011), « The representative concentration pathways: An overview », *Climate Change*, vol. 109, pp. 5-31, http://link.springer.com/content/pdf/10.1007%2Fs10584-011-0148-z.pdf.

WWF/UICN (1994), *Centres of Plant Diversity: A Guide and Strategy for their Conservation*, Fonds mondial pour la nature et International Union for Conservation of Nature, Cambridge.

Annexe C

Autres résultats de la quantification des scénarios

Graphique C.1. Disponibilité alimentaire par personne dans les pays développés, 1970-2050

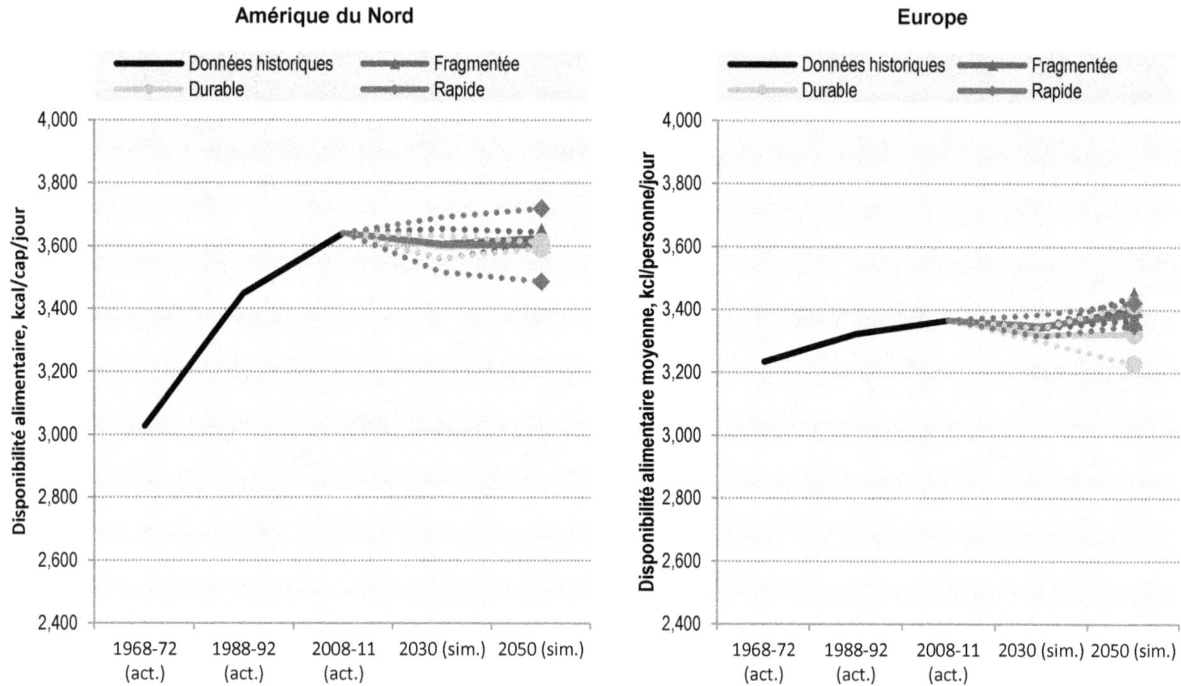

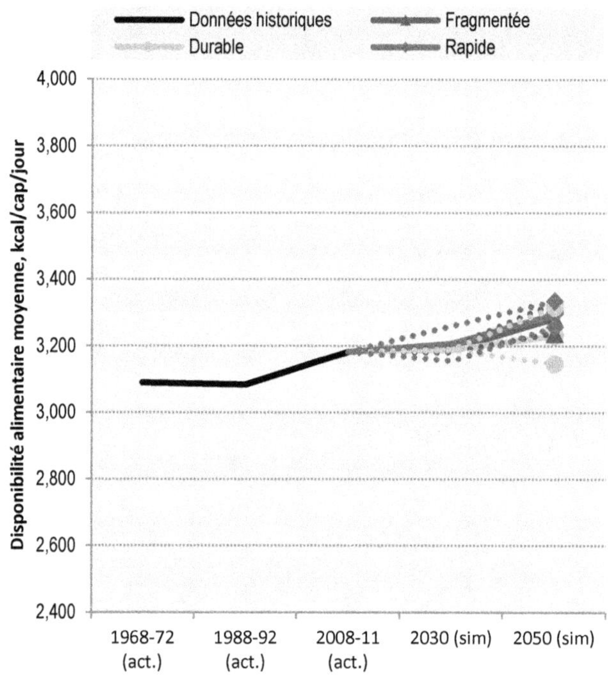

Note : Ligne continue : moyenne entre les deux modèles d'équilibre partiel qui génèrent des données sur les calories. Lignes en pointillés : valeurs minimales et maximales pour chaque modèle. Résultats : variations relatives entre 2010, 2030 et 2050, superposées à des observations provenant d'autres sources, les projections sont donc déterminées sur la base de calculs supplémentaires.

Source : séries chronologiques de FAOSTAT (2014), projections établies à partir des modèles utilisés.

Graphique C.2. Superficie des terres cultivées et des prairies, 1970-2050, dans le monde et dans certaines régions

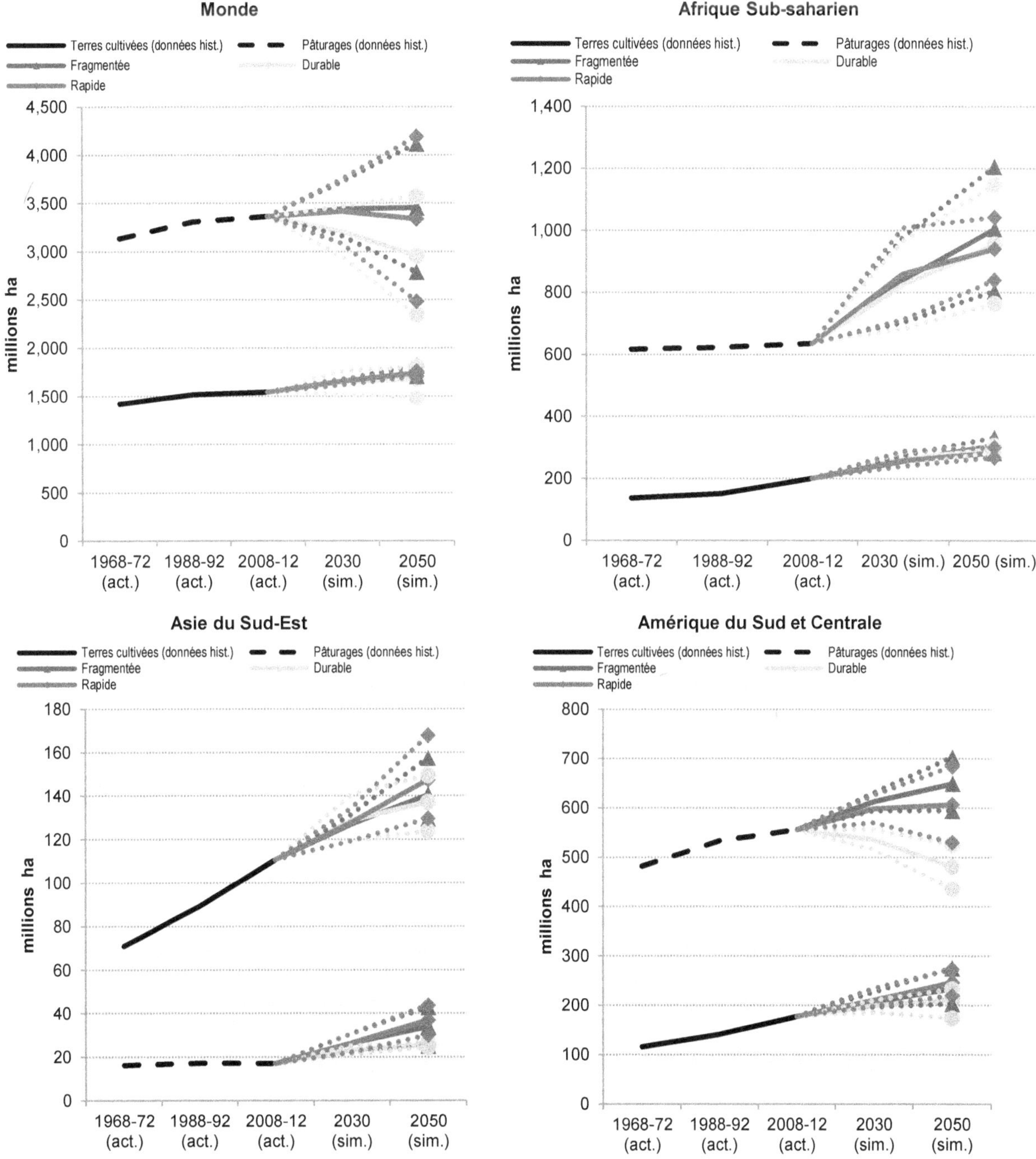

Note : partie supérieure gauche : Monde ; partie supérieure droite : Afrique subsaharienne ; partie inférieure gauche : Asie du Sud-Est ; partie inférieure droite : Amérique du Sud et Amérique centrale Ligne continue : moyenne entre les deux modèles d'équilibre partiel qui génèrent des données sur les calories. Lignes en pointillés : valeurs minimales et maximales pour chaque modèle. Résultats : variations relatives entre 2010, 2030 et 2050, superposées à des observations provenant d'autres sources, les projections sont donc déterminées sur la base de calculs supplémentaires.). Les projections concernant les prairies ont été établies uniquement à partir des modèles ENVISAGE et MAGNET

Source : séries chronologiques de FAOSTAT (2014), projections établies à partir des modèles utilisés.

ORGANISATION DE COOPÉRATION ET DE DÉVELOPPEMENT ÉCONOMIQUES

L'OCDE est un forum unique en son genre où les gouvernements oeuvrent ensemble pour relever les défis économiques, sociaux et environnementaux que pose la mondialisation. L'OCDE est aussi à l'avant-garde des efforts entrepris pour comprendre les évolutions du monde actuel et les préoccupations qu'elles font naître. Elle aide les gouvernements à faire face à des situations nouvelles en examinant des thèmes tels que le gouvernement d'entreprise, l'économie de l'information et les défis posés par le vieillissement de la population. L'Organisation offre aux gouvernements un cadre leur permettant de comparer leurs expériences en matière de politiques, de chercher des réponses à des problèmes communs, d'identifier les bonnes pratiques et de travailler à la coordination des politiques nationales et internationales.

Les pays membres de l'OCDE sont : l'Allemagne, l'Australie, l'Autriche, la Belgique, le Canada, le Chili, la Corée, le Danemark, l'Espagne, l'Estonie, les États-Unis, la Finlande, la France, la Grèce, la Hongrie, l'Irlande, l'Islande, Israël, l'Italie, le Japon, le Luxembourg, le Mexique, la Norvège, la Nouvelle-Zélande, les Pays-Bas, la Pologne, le Portugal, la République slovaque, la République tchèque, le Royaume-Uni, la Slovénie, la Suède, la Suisse et la Turquie. La Commission européenne participe aux travaux de l'OCDE.

Les Éditions OCDE assurent une large diffusion aux travaux de l'Organisation. Ces derniers comprennent les résultats de l'activité de collecte de statistiques, les travaux de recherche menés sur des questions économiques, sociales et environnementales, ainsi que les conventions, les principes directeurs et les modèles développés par les pays membres.

ÉDITIONS OCDE, 2, rue André-Pascal, 75775 PARIS CEDEX 16
(22 2015 02 2 P) ISBN 978-92-64-25369-8 – 2016

www.ingramcontent.com/pod-product-compliance
Lightning Source LLC
LaVergne TN
LVHW081409110826
845149LV00010B/1675
9789264253698